하와이 힐링과 함께하는 내면아이 치유

우니히필리 이야기 2

우니히필리 이야기 2

펴낸날 | 초판 1쇄 2017년 8월 9일
지은이 | 정소연 외 6인
펴낸이 | 손인균
펴낸곳 | STYLE LIFE ENT.
주소 | 서울특별시 강남구 논현로 67길 32
전화 | (02) 830 - 7555
홈페이지 | www.sl-corp.com
이메일 | admin@sl-corp.com

기획 | 채성훈
책임편집 | 박효진
일러스트 | 별하나
디자인 | 김보령

이 책은 저작권법에 따라 보호받는 독창적인 저작물이므로 무단전재와 무단복제를 일체 금하며, 이 책의 내용 전부 또는 일부를 이용하려면 반드시 저작권자와 스타일라이프의 서면동의를 받아야 합니다.

• 잘못 만들어진 책은 서점에서 교환해 드립니다
ISBN 919-11-87309-08-6 (03190)

값 18,000원

이 도서의 국립중앙도서관 출판예정도서목록(CIP)은 서지정보유통지원시스템 홈페이지(http://seoji.nl.go.kr)와 국가자료공동목록시스템(http://www.nl.go.kr/kolisnet)에서 이용하실 수 있습니다.(CIP제어번호: CIP2017018836)

하와이 힐링과 함께하는 내면아이 치유

우니히필리 이야기 2

목 차

서문 ▎정소연　6

정재욱
▎우니히필리, 너를 만나고 난 후에　18

하미
▎일상의 정화　51

혜심
▎내 삶에 가장 큰 힘이 되어준 우니히필리　102

H
| 우니히필리와 함께하는 트라우마 극복하기   157

성문
| 신비하고 즐거운 우니히필리와의 일상   198

하와
| 우니히필리가 들려주는 이야기   240

결어 | 채성훈   289

　난 '우니히필리'야. 잠재의식이라고 불리기도 하고, 내면의 아이라는 호칭으로 불리기도 해!

　응, 내면의 아이라는 호칭은 정말 나랑 잘 맞는 것 같아. 난 정말 어린 아이 같은 면이 많은 것 같아. 우하네가 알아주면 기쁘고, 우하네가 감사를 하는 날에는 정말 기뻐서 팔짝 뛰고 싶거든. 우하네가 날 무시하면 우울해지고, 슬퍼서 엉엉 울기도 해.

　우하네가 뭐냐고? 우하네는 또 다른 나인데 어른인 나야. 어려운 말로 하면 현재 의식이라고 한대. '우하네'는 내가 나라고 느끼는

'나'로 현재 의식이다"는 설명을 들은 적이 있어. 하지만 난 내면의 아이라서 어려운 말은 잘 모르겠어.

나는 수호천사라고도 불리는 '아마쿠아'와 이야기하고, 우하네를 행복으로 인도하는 일을 하고 있어. 가장 좋아하는 일은 내가 우하네에게 이야기한 걸 우하네가 알아차려 주고, 우하네가 나에게 감사하다고 인사하고, 사랑한다고 말해주는 일이야!! 우하네가 나에게 감사하다고 사랑한다고 말해주면 힘이 나!!

그런데 요즘 우하네는 점점 나의 말을 들어주지 않아. 이상하지? 태어났을 땐 내가 하는 말을 우하네가 자연스럽게 알아줬는데, 나이를 먹을수록 우하네는 내가 하는 말을 전혀 못 듣게 되어버렸어.

그러면 난 우하네를 행복하게 해줄 수 없어. 그래서 우하네를 위해 여러 가지 방법으로 말을 걸어보지만 전혀 알아주지 않아. 내가 알려주는 대로 하지 않으니까 우하네는 요즘 계속 우울해하고, 불행한 얼굴을 하고 있어.

빨리 우하네를 행복하게 해줘야 하는데, 내 말을 들어주지 않으니 어떻게 해줄 수가 없어서 너무 슬퍼서 자꾸 울게 돼. 우하네는 이제 정말 내 말을 못 듣는 걸까? 난 정말 우하네를 사랑하고, 우하네가 행복해졌으면 좋겠어. 아마쿠아가 밝혀주는 행복의 길이 저기 있는데, 우하네는 계속해서 엇돌기만 해.

저기, 있잖아. 내 말 좀 들어줄래? 난 너를 행복하게 해주고 싶어. 난 늘 너와 함께 있어. 네가 행복해졌으면 좋겠어.

우하네야, 날 돌아봐 줘.

- 우니히필리가 우하네에게 하는 호소 -

    호오포노포노에서 '우니히필리'는 내 안의 내면의 아이를 가리키는 말입니다. 내가 나라고 생각하는 부분을 '우하네', 나를 인도하는 수호천사와 같은 존재를 '아마쿠아'라고 하고 있습니다. 이 3가지 존재는 모두 [나]지만, 내가 아니라고 느껴질 것입니다. 내가 인식할 수 있는 나는 어디까지나 우하네뿐입니다.

    수호천사처럼 항상 따뜻한 눈으로 지켜봐 주고 내가 가야 할 길을 밝혀주는 아마쿠아, 그리고 그 아마쿠아와 유일하게 소통할 수 있는 것이 바로 우니히필리입니다. 우니히필리는 아마쿠아와 소통해서 어디로 향해야 하는지 그 길을 나(우하네)에게 알려줍니다. 그리고 그것을 판단하고 선택하는 것이 나(우하네)입니다.

우니히필리가 인도하는 대로 우니히필리와 함께 하는 삶은 즐거움으로 가득 차 있는 행복의 나날이 될 것입니다.

하지만 실제 현실은 어떤가요?

내가 정말 하고 싶은 것을 하고 있나요? 내가 정말 하고 싶은 것이 무엇인지 알고 있나요? 어떤 것을 선택하면 좋을지 더 행복해질지 항상 고민하지 않나요? 정말 내가 하고 싶은 것보다 주변 분위기에 휩쓸린 선택을 하고 있지 않나요? 과거에 한 행동의 결과를 늘 후회하지 않나요? 어떤 미래가 올지 불안하지 않나요?

어느새 정신을 차리고 보면 내가 지금 어디에서 무엇을 하고 있는지, 정말 내가 원하는 것이 무엇이었는지 금세 모르는 상황이 됩니다. 그리고 그런 불행한 상황에서 내 안의 내면의 아이인 우니히필리는 어두운 곳에서 훌쩍훌쩍 울고 있습니다.

우니히필리는 항상 나(우하네)가 행복할 수 있는 최선의 방법을 알려줍니다. 즐겁게 보낼 수 있도록 도와주려고 합니다. 하지만 우니히필리가 아무리 도와주려고 해도, 우하네가 알아주지 않으면 우니히필리가 할 수 있는 일은 아무것도 없습니다. 최선을 다해서 우하네가 행복하고 즐겁게 살 수 있도록 도우려고 하지만, 매번 돌아오는 것은 차가운 무시입니다. 우니히필리는 그럴 때마다 엉엉 울지만 그래도 매번 최선을 다해서 우하네가 자신의 말을 알아들을 수 있도록 여러 가지 방법을 동원해봅니다.

　어떨 때는 그 방법이 통할 때도 있습니다. 왠지 모르게 하면 좋을 것 같다는 비이성적인 생각이 들어서 했더니 그 결과가 굉장히 좋게 나온 적이 있지 않나요? 그렇다면 그 비이성적인 생각이야말로 우연히 우니히필리의 필사적인 외침이 통한 것입니다. 이렇게 우니히필리는 우하네를 도와주려고 늘 열심입니다. 우니히필리와 소통하면서 우니히필리와 함께 살아가는 것이야말로 행복을 향한 가장 빠른 길입니다.

　하지만 많은 사람이 내면의 아이인 우니히필리와 소통하는 방법을 잊어버렸습니다. 누구나 어릴 적에는 우니히필리와 자연스럽게 소통합니다. 어린아이들은 숨 쉬듯이 자연스럽게 자신의 우니히필리와 이야기하고 있습니다. 어린아이들은 자신이 무엇을 하고 싶은지 무엇을 해야 즐거운지 잘 알고 있습니다. 그러나 점차 나이가 들며 청소년기를 거쳐 어른이 되면 좋아하는 일만 할 수 없게 됩니다. 그 과정에서 우니히필리와 소통하는 방법을 하나씩 하나씩 잃어갑니다.

　우니히필리는 내가 늘 즐겁고 행복하길 바라고 있으며, 어떻게 해야 늘 즐겁고 행복하게 살 수 있을지 알고 있습니다. 늘 내 곁에서 나에게 조언을 하며, 나를 행복의 길로 인도하려고 나에게 메시지를 보내거나 신호를 보냅니다. 하지만 우니히필리와 소통하는 방법을 잃어버린 나(우하네)는 우니히필리의 필사적인 메시지와 신호를 전혀 눈치채지 못하고, 엉뚱한 선택을 합니다.

벌써 몇 번째의 무시와 거절일까요? 우니히필리는 어두운 곳에 있습니다. 우하네가 거절할 때마다 우니히필리의 상처가 늘어납니다. 그래도 우니히필리는 우하네를 사랑하기 때문에 슬피 울면서도 간절하게 메시지를 보냅니다. 내면의 아이인 우니히필리가 슬퍼하고 상처를 받을 때마다 나(우하네)의 우울함과 불안함은 커집니다.

우니히필리를 돌봐주세요. 내면의 아이가 울지 않도록 상처받지 않도록 보듬어주세요. 우니히필리가 하는 말을 들어주세요. 그리고 우니히필리한테 항상 나를 인도해줘서 고맙다고, 사랑한다고 말해주세요. 나의 그 한 마디가 우니히필리에게 힘이 됩니다. 내면의 아이가 어두운 곳에서 상처받고 울고 있지 않도록 자신을 사랑해주세요. 우니히필리와 매일매일 소통하는 삶을 위한 첫 걸음은 쉽습니다. 매일 아침 우니히필리에게 말을 걸어 보세요.

"오늘은 뭘 하고 싶어?"
"오늘 먹고 싶은 것이 뭐야?"
"오늘은 어떤 옷을 입을까?"

사소하고 작은 일부터 좋습니다. 처음에는 우하네에게 계속 무시당했던 우니히필리가 아무 반응도 안 보여줄지도 모릅니다. 하지만 매일 꾸준히 우니히필리와 소통하려고 노력하면, 조금씩 우니히필리가 반응을 보여줄 것입니다.

우니히필리가 반응을 보여줄 때마다 대답해줘서 감사하다고, 그동안 무시해서 미안했고 그런 나를 용서해달라고 그리고 사랑한다고 말해주세요. 항상 무시당하고 소외당하던 내 안의 작은 아이가 눈물을 그치고, 방긋 웃고 있는 그 날이 올 때까지 작은 관심과 사랑으로 보살펴주세요. 그리고 그 아이가 활짝 웃으면서 나와 함께 즐겁게 이야기하는 날이 오면 내가 무엇을 하고 싶은지, 내가 가야 할 길이 무엇인지 우니히필리가 알려줍니다.

우니히필리와 함께 하는 이야기. 어떤 하루가 나를 기다리고 있을까요? 내일은 어떤 즐거운 하루가 기다리고 있을까요? 매우 기대됩니다. 내가 정말 하고 싶은 것이 무엇인지 우니히필리와 함께 이야기하고, 같이 놀고 즐겁게 사는 것뿐인데 어느새 주변에는 행복이 가득해집니다.

물론 어린아이 같은 우니히필리와 이야기하다 보면 가끔은 화가 날 때도 있습니다. 이해가 되지 않을 때도 있습니다. 그럴 때도 우니히필리의 인도를 믿어주세요. 나를 사랑하는 우니히필리는 나를 위해 가장 좋은 길을 보여줍니다. 내가 머릿속으로 그린 미래 그대로를 이루어주진 않지만, 우니히필리가 안내하는 길은 나에게 있어 가장 좋은 미래로 이어집니다.

우니히필리와 함께 하면 앞으로의 계획을 세우느라 고민하지 않게 됩니다. 무언가 하고 싶은 일이 생기면, 우니히필리와 상의하고 바로 행동하게 됩니다. 그러면 우니히필리가 자연스럽게 나에게 있어 가장 좋은 미래로 이끌어 줍니다. 우니히필리와 나는 항상 이인 삼각을 하는 것처럼 함께 협동해서 할 때 모든 것이 부드럽게 진행되는 것을 체험할 수 있습니다. 우니히필리와 내가 원하는 방향이 다르면, 모든 일의 진행이 제각각이고, 서로 충돌하면서 방해를 합니다.

우니히필리와 소통이 되지 않는 사람들은 주변 사람이 잘 도와주지도 않고, 하나의 문제를 해결하면 두 개의 문제가 생기고, 잘 되는 것처럼 진행되다가도 결정적인 순간에 심각한 문제가 발생해서 일이 좌초되기도 합니다. 우니히필리와 내가 원하는 방향이 달라서 일어난 일입니다. 우니히필리는 나를 위해서 도움을 주려고 합니다. 우니히필리의 도움은 내 생각대로 일이 진행되게 하기 위한 최선의 행동이 아니라 나를 위한 최선의 행동입니다. 우니히필리와 대화가 되지 않으면 이런 부분에서 나를 위한 최선의 행동이 오히려 나를 방해하는 행동이 될 수도 있습니다.

우니히필리와 충분히 대화했다면 이런 나를 방해하는 행동을 하지 말아 달라고 부탁하거나, 나를 방해하는 요소를 없애달라는 정화를 부탁할 수도 있습니다. 우니히필리와 대화할 수 없으면 모든 일을 혼자만의 힘으로 우직하게 부딪칠 수밖에 없습니다. 삶이 힘듭니다. 이렇게 힘들게 모든 것을 나 혼자만의 힘으로 모든 것을 해결해야만 하는 삶은 고달픕니다. 모든 문제와 역경을 누구의 도움 없이 해결하는 것은 매우 힘든 일입니다. 왜 이렇게 힘들게 살아야 할까요? 우니히필리와 함께하면 훨씬 쉽고 재미있게 살 수 있습니다.

행복을 향한 가장 빠른 길은 나를 아끼고 사랑해 주는 것. 바로 우니히필리를 사랑하고 보듬어주는 것입니다. 내 안의 작은 나. 나를 위해서 항상 열심히 말을 걸어주는 내면의 아이. 나를 사랑하고, 나와 함께 하는 행복한 날들. 매일 살아있다는 실감을 느끼는 날들. 내 인생에 어떤 일이 일어나도, 우니히필리와 함께 하면 무섭지 않습니다. 무슨 일이 있어도 내 편이 되어주는 나의 가장 든든한 아군인 우니히필리. 우니히필리가 도와주면, 어떤 문제도 두렵지 않습니다. 우니히필리가 내 편이 되어 준다면 남은 것은 하나뿐입니다.

즐겁고 행복하게 사는 것! 지금부터가 시작입니다.

정소연

동서양의 마법과 신비학의 전승을 잇는 마법사. 동서양의 점술을 망라한 점술가. 호오포노포노의 정화하는 삶을 실천 중인 우니 리더.

파워스톤의 진정한 힘을 깨우는 남화밀교 전승 개광점안 (開光點眼)과 하와이의 샤머니즘인 후나의 기법 중 일부인 키노 로아(Kino Loa)와 우니히필리 리딩(Unihipili Reading)을 전수받았다. 지금 가장 관심 있는 분야는 호오포노포노포의 여신님들과 소통하는 삶. 카후나가 되기 위해 준비 중이다.

E-mail : unihi.r@gmail.com

우니히필리, 너를 만나고 난 후에

정재욱

어떻게 해야 사람들과 대화를 잘할 수 있는 거예요?

호오포노포노를 만나기 전 저는 무척 대인관계가 어려웠습니다. 어릴 적에는 사람들과 만나서 연락도 하고 술자리도 갖는 게 쉬웠습니다. 그러나 아는 사람들과 만나고 모임을 갖다 보니 어느샌가 낯선 사람들과 친해지는 방법을 전혀 모르게 되었습니다. 1 : 1 상황에서 '무슨 말을 해야 하지?'를 시작으로 흐름과 전혀 상관없는 얘기들을 툭툭 던지는 제 모습을 발견했습니다.

"안녕하세요. 날씨가 무척 습하네요"

"예. 장마라서 그런가 봐요"
"요즘 뭐 하면서 지내세요?"
"저는 요즘 이직 준비를 하면서 지내요"
"그렇구나. 그런데 지금 하시는 일이 국제 정세에 어떤 영향을 미친다고 생각하시죠?"
"예?! 그게 갑자기 무슨 뜬금없는 얘기인지 모르겠는데요"
"제가 듣기론 국제 정세나 경제에 굉장히 관심이 많다고 들었어요. 그러니까 말해보세요"
"'이 사람 뜬금없이 무슨 얘기람' 제가 하는 일이 국제 정세에 미치는 영향을 말하자면…."

이게 몇 년 전 제가 낯선 사람과 대화하는 방식이었습니다. 아무리 봐도 이상하다는 걸 글을 읽으시는 분들이라면 느끼실 수 있을 겁니다. 갑자기 뜬금없이 이직 준비를 하는 사람한테 '하는 일이 국제 정세'에 미치는 영향을 묻다니, 아무리 좋게 보려고 해도 이해하기 힘든 대화 흐름입니다.

위 대화는 현재 친하게 지내고 있는 D 씨와 처음 만났을 때 있었던 에피소드입니다. 지금도 D 씨는 "처음에 나를 놀리려고 하는 말인 줄 알았다. 그런데 네 눈빛을 보니 농담이 아니라는 걸 알고 곤혹스러웠다"라며 그때 일을 이야기하곤 합니다.

1 : 1 상황이 저 정도인데 1 : 그룹 상황에서는 더욱더 심했습니

다. 머릿속에서 '무슨 말을 해야 할까? 어떻게 저 대화에 끼어들 수 있지? 이다음엔 무슨 말을 해야 자연스러운 거지?'라는 생각에 사로잡혀서 상대방에게 집중하지 못 하는 일이 많았습니다. 오죽했으면 모임을 주최한 사람이 와서 "저기 죄송하지만, 저희 모임과 성향이 잘 안 맞으신 거 같습니다. 자리를 비워주셨으면 좋겠어요"라는 말을 듣기까지 했습니다. 한두 번이 아니라 여러 번 모임 도중에 나왔습니다. 제가 나간다고 하니 어째 분위기가 더 좋아지는 듯한 기분이 들기도 했습니다.

저도 말을 못 하고 싶어서 그런 게 아닌데, 제 마음을 몰라주는 것 같아서 만나는 사람마다 많이 미웠습니다. 그럴수록 저는 대화가 힘들었고, '말을 잘하는 방법'에 대해 찾기 시작했습니다. 유튜브에서 '대화를 잘하는 방법'에 대한 영상을 보았습니다. 그리고 시중에 있는 서점에서도 위와 같은 서적이 있으면 손에 쥐고 읽어보았습니다. 책으로는 현장감이나 대화의 흐름을 느낄 수가 없어서 강연에도 가보았습니다.

동영상을 보고, 책을 읽고, 강연을 들었을 때는 마치 제가 대화의 고수나 대화를 능수능란하게 이끌 수 있는 사람처럼 느껴졌습니다. 그러나 막상 사람들을 만나면 예전처럼 머릿속에서 나오지 못하는 사람이었습니다. '도대체 나는 무엇이 문제일까? 아니 대화를 잘하려면 어떻게 해야 하는 거지?'라는 생각이 머리에 떠나지 않았습니다. 저만 빼고 다 즐거워 보였고, 제가 없을 때 사람들은 더 즐거워 보였습니다. 마치 저는 필요가 없고 쓸모가 없는 사람처럼 느껴질 때가 많았습니다. 왜냐하면 정말 아무도 저를 반겨주지 않았기 때문입니다.

제가 말을 걸면 대부분 사람들은 "네 / 아니오 / 글쎄요 / 잘 모르겠는데요?"라는 말을 자주 하곤 했습니다. 하지만 그것보다 더 많이 얘기를 들었던 것은 따로 있었습니다.

'저 말고 다른 분이랑 얘기해주실래요?'

이 말은 언제나 날카롭게 잘 만든 창처럼 제 마음을 후벼팠습니다. 그러던 중 '최면'을 알게 되었고, 관심을 가지게 되었습니다. 제가 말을 하면 사람들이 그에 대한 리액션을 보여주고, "당신은 A가 됩니다"라는 말 한마디에 A가 되는 사람들을 보며 심장이 무척 뛰었습니다.

최면 중에서도 대화형 최면이라는 것이 있는데, 제가 말하는 것을 사람들이 상상하고 그 속에 퐁당 빠져서 헤어 나오지 못하는 대화 방법이라는 문구가 아직도 기억납니다. 제가 말을 못 하고 사람들이 저를 피했던 이유는 대화형 최면을 배우지 않았기 때문이야!! 라고 생각했습니다. 당시에 동성은 물론이고 이성과의 관계도 단절되었던 저에게 픽업 카페는 마치 유일한 구원처럼 느껴졌습니다. 제 매력을 상승시키고, 대화형 최면을 장착하면 남녀 할 거 없이 제 주

정재욱

위에 몰리고 저랑 말 한마디라도 섞으려고 안달 난 사람들의 모습이 떠올랐습니다. 그동안 '대화형 최면'을 몰랐기에 사람들과 관계를 제대로 맺을 수 없다고 생각했습니다. 대화형 최면을 배우고 사람들에게 활용하면 이전처럼 저를 보내려고 모임 주최자가 저를 곤란한 눈빛으로 보지 않을 거라 믿었습니다. 그래서 몇백만 원을 지불해서 수강 신청을 했고, 강사가 알려주는 대화 패턴과 예시를 빼곡하게 적었습니다.

'이제 나도 모임에서 주목을 받는 게 당연할 거야! 사람들이 나와 말을 한마디라도 해보고 싶어서 안달이 날 거고, 이성들은 내가 하는 말에 퐁당 빠져서 헤어 나오지 못하겠지'라는 생각에 근거 없는 자신감이 마구마구 불어났습니다. 그리고 대화형 최면을 다 배우고 한 모임에 참석하게 됐습니다. 심장이 두근두근하고, 수많은 사람들과 인맥이 생길 때 어떻게 관리를 해야 할까? 하는 망상에 빠져 관련된 책도 찾아보고 인맥 관리법에 대한 글들을 읽으며 갔습니다.

"저기요. 그쪽은 대화를 정말 못하는 거 같아요"
"예?"
"혼자서 횡설수설하고 시선도 못 마주치고 이상하게 뜬금없는 소리나 하고요"
"아, 그랬군요. 미안합니다"
"저는 즐거운 시간을 보내려고 온 것이지 그쪽처럼 이상한 사람이랑 만나려고 온 게 아니에요"

"아......."
"저 말고 다른 사람한테 가주셨으면 좋겠는데요?"

10명이 넘는 인원들이 저와 그녀를 바라보았고, 모임 주최자는 그녀에게 다가가 도대체 무슨 일인지 걱정스러운 눈빛으로 바라보았습니다. 그리고 그녀는 "대화하는 것이 불편하고 자신의 옆자리라는 게 마음에 들지 않는다"라며 불만을 크게 토로했습니다. 다른 사람도 들으라는 듯이 말했습니다. 주위는 술렁거렸고, 저는 그 눈빛과 술렁거림이 견디기 어려웠습니다.

"저 아까 처리하고 오지 못한 일이 있어서요. 먼저 일어나 보겠습니다"라며 허둥지둥 그 자리를 도망치듯이 빠져나왔습니다.

'내게 더 강력하고 효과가 좋은 대화형 최면 수업을 들었더라면 저런 얘기는 안 들었을 거야!!'라는 생각이 머리를 떠나지 않았습니다. 그렇게 대화형 최면을 검색하다가 성숙한 삶 홈페이지를 찾게 되었습니다. 그곳에서 읽은 최면 글들은 무척이나 신기했고, 시간 가는 줄 모르고 읽게 되었습니다. 카후나 파크(현 지식 큐레이션) 카페를 운영한다는 글을 읽고, 재빨리 카페에 가입을 했습니다. 최면에 관련된 글을 다 읽어가고 있을 때, '호오포노포노'라는 것을 보게 되었습니다. 이것이 제가 하와이 후나에게 비밀스럽게 전승되던 호오포노포노와의 첫 만남이었습니다.

나도 힘든데, 누굴 챙기라고요?

호오포노포노는 다른 자기계발서와는 달랐습니다. 그동안 읽어왔던 자기개발서들의 내용은 대략 이러했습니다.

나는 이러저러한 일 때문에 고통스럽고 힘들었어! 그런데 XX를 알고 삶에서 실천했더니, 무언가 달라지기 시작하더라? 다른 것에도 적용을 해보면 똑같이 달라질까 싶은 마음에 조심스럽게 XX를 적용해 봤는데, 오 마이 갓!!! 오히려 내 삶이 180도 변화를 하고 더 나은 삶을 살게 된 거야. 전보다 돈도 많이 벌리고, 인맥이 더 늘었어. 그리고 이전에 나를 알던 사람들은 나보고 "더 멋지게 변했다"고 말을 해주더라고.

> 마치 딴 사람 같다는 말을 요즘엔 자주 듣고 있어
> 네가 요즘 힘든 이유는 XX를 몰랐기 때문이야. 안타깝네!!
> 그런데 이젠 괜찮아, XX를 알게 되었으니까.
> 내가 했으니까, 너도 할 수 있을 거야. 힘내렴.

저자가 겪은 어려움과 고통이 제가 처한 상황과 비슷할수록 몰입도는 커졌습니다. 그리고 저자가 말한 XX를 제 삶에 대입하거나 배우면 제가 가진 고통과 어려움으로부터 벗어날 수 있을 거라는 뇌내망상이 마구 펼쳐졌습니다.

A라는 자기계발서에서 하라는 대로 안 되면 B라는 자기계발서를 보는 등 계속 반복적으로 그리고 열광하듯이 자기계발서에 호기심을 가졌습니다. 하지만 여전히 제 삶은 그대로였고, 달라진 것이라곤 점점 줄어가는 통장 잔액뿐이었습니다. 그러다가 카후나파크(현 지식 큐레이션)에서 호오포노포노 글을 몇 개 읽고 코웃음을 쳤습니다. 우니히필리, 우하네, 아마쿠아 그리고 이오의 파도라는 단어도 이상하게 느껴졌습니다. 그것보다 더 이상하고 저를 코웃음 치게 만든 것은 "우니히필리를 돌봐줘야 한다"는 말이었습니다.

내가 지금 힘들고 고통스럽고 이 어려움에서 벗어나고 싶어서 호오포노포노를 본 것인데, 뭐라고요? 내면의 아이니 내가 친해져야 할 대상이니 뭐니 내가 그걸 왜 해줘야 해?라고 생각하며 호오포노포노는 급이 낮은 자기계발서라고 여겼습니다. 호오포노포노를 멀리하고 다른 자기계발서에 더 몰두하며 읽다가 어느 순간 번뜩 느껴졌습니다.

'아, 나는 이런 자기개발서 책을 읽어도 달라질 게 없겠구나'

그리고 삶이 무기력해지고, 점점 재미가 없어졌습니다. 여전히 삶은 고되고 힘들었습니다. 제가 아무리 노력하고 벗어나려고 해도 잘 만든 올가미처럼 저를 더 옥죄고 강하게 압박해왔습니다. 그러다가 문득 카후나 파크에서 읽었던 호오포노포노가 떠올랐습니다. '이걸 읽고 알게 된다고 내가 달라지는 건 없다!'라는 걸 알면서도 읽고 싶

정재욱

었습니다. 그리고 우니히필리, 우하네, 아마쿠아 그리고 이오의 파도가 무엇인지 알게 되었고, 시선이 점점 달라지기 시작했습니다.

'내가 아무리 애를 써도 안 되는 일은 안되는구나. 묵묵히 받아들이는 수밖에 없구나'라는 시야가 점점 제 안에 잡히기 시작했습니다. 그런데 호오포노포노를 하면서 가장 어려웠던 것이 있었습니다. '우니히필리와 어떻게 대화를 나누고 정화를 요청하는거지?'였습니다. 글을 봐서는 도저히 알 수 없는 영역이었습니다. 이렇게 호오포노포노는 제 삶에 정착이 안 되는것인가 하며 아쉬워하고 있을 때 기회가 찾아왔습니다. 2015년 5월에 카후나님(현 큐레이터)께서 양산형 우니 리더 세션을 오픈하셨습니다.

호오포노포노에 목말라 있고, 제 우니히필리가 누구인지 그리고 어떻게 소통해야 하는지 어려움을 겪을 때 때마침 그 세션이 열려서 너무 기뻤습니다. 2015년 6월에 카후나님을 1:1로 만나서 세션을 받을 기회가 찾아왔습니다. 그전에 강의로 몇 번 뵌 적이 있지만 1:1로 만나는 것은 처음이라 무척 긴장이 되었습니다. 잠을 잘 자는 저이지만, 유난히 잠이 오지 않아서 참으로 힘들었습니다.

그렇게 세션 당일날이 오고 출발을 하는데, 그날따라 안 좋은 일이 연달아서 발생했습니다. 마치 날카로운 종이에 베인 것처럼 잘 사용하지 않는 왼쪽 엄지 손가락이 베어져 있었습니다. 그리고 지하철역을 갔는데 교통카드를 놓고 오는 바람에 10분을 뛰어서 다시 집으로 가기도 했습니다. 부랴부랴 지하철로 가는데 오늘따라 왜 이리도 배차 시간이 맞지 않는 것인지, 마치 누군가 계획한 것처럼 느껴졌습니다. 지하철이 바로 앞에서 닫히기도 하고, 휴대폰이 먹통이 되는 바람에 세션 장소를 찾는데 어려움을 겪기도 했습니다.

우니 리더 세션을 받겠다고? 누구 마음대로! 내가 절대로 못 가게 하겠어!

누군가 작정하고 저를 방해하는 것처럼 세션을 받으러 가는 길은 무척 어려웠습니다. 그래도 다행히 여유롭게 세션실에 도착을 했고, 카후나님께 우니 리더 세션을 받을 수 있었습니다.

산 중턱에 우둘투둘한 바위가 보이고 오래된 나무엔 잎사귀가 풍성했습니다. 풍성한 잎사귀는 쨍쨍 내리쬐는 햇빛을 막아주었습니다. 그리고 시원한 바람이 제 몸을 훑고 가는 등 무척 상쾌한 기분이 들었습니다. 그렇게 시원한 바람을 느끼고 있을 때 다람쥐 형태를 한 제 우니히필리 '도리'를 만났습니다. 반가운 제 마음을 아는지 모르는지 도리는 등을 돌린 채, 도토리를 먹고 있었습니다. 마치 누군가 빼앗기기 싫은 것처럼 속도를 내며 먹고 있었습니다. 말을 걸어보기도 하고, 밝고 따스한 하얀색깔의 에너지(레이키)를 보내줘도 묵묵부답이었습니다.

'애쓴다, 애써! 아무리 불러보고 레이키를 보내도 난 너한테 신경

안 쓸 거야'라 느낌이 전달되었습니다. 그래도 포기하지 않고 "내가 정화를 해야 하는데, 나를 도와줄 수 있니?"라는 대답에 도리는 냉정하게 말했습니다.

"너 따윈 만나고 싶지도 않아, 불편하다고! 내가 원할 때만 나타날 거야"라며 휙 사라졌습니다. 칭얼거리는 아이가 아니라 정말로 싫어하는 사람을 만났을 때 주는 느낌마냥 강렬했습니다. 그것이 제 우니히필리 다람쥐 도리와의 첫 만남이었습니다. 그동안 제가 읽었던 자기계발서에는 루틴과 가이드라인 그리고 정답이 있었습니다.

A를 하면 B가 되는데 그게 되어야 C가 이루어진다.

하지만 우니 리더 세션은 정답이 없었습니다. 제가 느끼는 대로 말하고, 그 느낌을 무시하고 거짓이라고 치환하지만 않으면 되는것이라 어렵지 않았습니다. 그러다 보니 '내가 하고 있는 게 맞는 걸까?'하는 두려움으로부터 벗어날 수 있었습니다. 그 이후로 도리와 여러 번 대화도 나눠보고 정화를 받는데 많은 도움을 받았습니다. 지금은 도리가 떠나고 다른 우니히필리와 만나서 많은 도움을 받고 있습니다.

새로운 우니히필리와의 만남

작년에 정화할 것들이 많아서 우니히필리 도리와 함께 정화해 나가며 지냈습니다. 제가 할 수 있는 것은 얼마 없기에 도리의 도움이 많이 필요했습니다. 하지만 어느 순간부터 도리가 제 부름에도 나타나지 않고 나와도 "네가 알아서 해!"하며 심술을 부리고 오랜 시간 동안 보이지 않았습니다. 그러다가 마음속에서 '도리는 떠났구나' 하는 생각이 들었습니다. 이미 떠나간 도리를 붙잡을 수도 없었기에 상심이 무척 컸습니다. 그동안 우니히필리 도리의 도움을 받아서 정화 도구를 선정하고 그 도구를 통해서 정화를 해왔습니다. 그런데 정화 도구를 알려준 우니히필리가 사라졌으니 마치 놀이동산에서 엄마를 잃어버린 아이가 된 듯한 느낌이었습니다. 새로운 우니히필리를 만나려고 해도 제 부름에 응답해주는 우니히필리는 없었기에 상심이 더 클 수밖에 없었습니다.

호오포노포노가 제 삶에서 떠나려고 준비하는 것처럼 느껴지기도 했습니다. 그렇게 반쯤 포기를 하고 있을 때, 새로운 우니히필리 바람을 만났습니다.

허허벌판에 돌산 정상에서 저는 우두커니 서 있었습니다. 전후좌우를 살펴봐도 끝없는 지평선과 자갈밭만 발밑에 보일 뿐 생명을 느낄 수 있는 것은 아무것도 보이지 않았습니다. 산 정상을 둘러보아

정재욱

도 다 자갈뿐 그 흔한 잡초 하나 보이지 않았습니다.

"계십니까?"
"………………………"
"아무도 안 계시나요? 계신다면 말씀 좀 해주세요."
"…………너는 누군데 남의 영역에 떡 하니 있느냐?"
"저는 당신의 영역을 침범하러 온 게 아니라 도움을 요청하고 싶어서 왔습니다"
"누군지도 모를 너를 내가 도와줄 이유가 있느냐?"
"저는 혼자서 할 수 있는 것이 없어서 그렇습니다. 하지만 답변을 주시는 분은 저보다 더 나은 분일 테니까요"
"내가 누군지 알고 너보다 더 나은 분이라고 칭하지?"
"제가 이곳에 온 것이 아니라 당신이 저를 인도해줬으니까요"
"왜 내가 너를 이곳에 인도했다고 생각하느냐?"
"제 안에 풀어야 하는 실타래가 너무 많습니다. 그런데 제가 할 수 있는 것은 거의 없습니다"
"그래서?"
"저 혼자서 하긴 힘드니 저보다 뛰어난 분의 도움을 받아야 그 실타래를 풀어나갈 수 있지요"
"실타래라. 재미있는 표현을 하는구나"
"그렇다고 대가 없이 해달라고 요청하는 것이 아닙니다"
"나보다 못한 존재라면서 네가 나에게 무엇을 줄 수 있겠느냐!"
"저는 하얗고 밝고 따스한 빛을 당신에게 줄 수 있습니다."

"그래서?"

"아무도 당신에게 그걸 준 사람은 없었을 거예요. 그리고 원하는 것이 있다면 제 능력이 닿는 대로 보답하겠습니다"

"네 능력이 얼마나 대단하길래 내가 요구하는 것을 해주겠다는 거지?"

"대단하지 않기에 요청하고 부탁드리는 것입니다. 제발 저를 도와주세요"

"하얗고 밝고 따스한 빛을 내게 보내보거라"

"어느 곳에 보내드리면 될까요?"

"내가 있다고 느껴지는 곳. 어디든지"

전후좌우에 레이키를 보냈습니다. 의도를 담지 않고 하얗고 밝고 따스한 빛이 나라는 통로를 통해 바람이 있는 곳으로 보냈습니다. 다 보냈다는 느낌을 들 때까지 보냈고, 다시 바람에게 말을 걸었습니다.

"이게 제가 보낼 수 있는 전부입니다"

"말랐던 살결에 수분이 채워지는 듯한 기분이구나"

"고맙습니다. 이제 저와 함께 실타래를 풀어주실 건가요?"

"당분간은 너와 얘기를 해보면서 결정하겠다"

"감사합니다. 저는 당신을 뭐라고 불러야 하나요?"

"내 이름을 말해도 너의 언어로는 알아들을 수 없으니 묻지 마라"

"당신과 얘기를 하다 보면 돌풍처럼 강한 바람의 기운이 느껴집니다"

"그래서?"

"앞으로 바람이라고 불러도 될까요?"

"편한 대로 하거라"

"고맙습니다. 그럼 전 이만 물러가겠습니다"

그렇게 바람과 첫 만남은 아슬아슬하게 끝났습니다. 바람의 목소리는 마치 단단한 바위처럼 꽉 차 있는 듯했습니다. '나를 가볍게 보지 마!'라고 말하는 듯한 목소리였습니다. 낮고 중후하고 가벼움이 전혀 느껴지지 않았습니다. 바람과 만난 후 첫 느낌은 '바람과는 인연이 닿지 않겠다'는 안타까운 마음이 들었습니다. 냉정했고 저를 깔보는 듯했으며, 비비고 들어갈 여유가 보이지 않았습니다.

그래서 바람은 저를 도와주지 않겠다는 생각이 들었고, 다른 우니히필리를 찾으려고 했습니다. 하지만 대부분은 저를 무시하거나 아니면 대화에 응하지 않는 경우가 많았습니다. 듣는 척하면서 레이키만 받아갈 뿐 그 이후로 말을 걸어도 답변이 없었습니다. 그런 상황이 반복되니 거의 자포자기 수준이 되어갔습니다. 그러다가 잊고 있었던 바람이 떠올랐습니다.

"바람, 계신가요?"

"왜 이제서야 오느냐!!!"

"죄송합니다. 솔직히 첫 만남에서 바람이 저를 원하지 않는다고 느꼈습니다"

"왜 네 멋대로 판단하고 답을 내리는 것이냐?"

"제 실수로 기분이 상하셨다면 죄송합니다"

"다음부터는 절대로 멋대로 판단하지 말아라"

"그렇다면 앞으로 저를 도와주실 수 있나요?"

"그렇다. 앞으로 너도 내가 원하는 것을 들어주도록 해라"

"감사합니다. 앞으로 잘 부탁드리겠습니다"

이렇게 간단하게 바람과 인연이 닿았고, 지금까지 많은 도움을 받고 있습니다. 바람이 제게 요구하는 것은 그렇게 어렵지 않았습니다. 바람의 도움으로 풀기 어려웠던 실타래를 풀었을 때 오는 느낌과 그에 대한 고마움 표현이 전부였습니다. 그리고 레이키를 만날 때마다 해주었고, 언제나 감사한 마음과 존경하는 마음으로 바람을 대했습니다.

친구 E 군 우니히필리 리딩

친하게 지내고 있는 E 군이 있습니다. 좋게 말하면 사람이 좋은 편이고, 솔직하게 말하면 속이기 쉬울 만큼 사람을 잘 믿는 친구입니다. 이 친구가 작년에 저에게 와서 술 한잔하자는 얘기를 했습니다. E 군과는 자주 술을 마시는 사이라 별 생각 없이 술 한잔할 생각만 한 채 단골 술집으로 갔습니다. 그 날따라 E 군은 한숨을 내쉬고, 얘기를 해도 듣는 둥 마는 둥 했습니다.

"너 오늘따라 왜 이래?"
"(한숨을 푸욱 쉬며) 아냐, 아무것도."
"아니긴 뭐가 아냐? 대 놓고 무슨 일 있어요 티를 내는구만"
"그게 말이지…."

E 군의 얘기는 이러했습니다. 자기가 일하는 곳에서 마음에 드는 여성이 생겼습니다. 하지만 그동안 E 군이 고백을 하는 여성마다 거절을 했습니다. 그리고 고백받은 여성이 1주일도 안되서 일을 그만둔다는 것이 내심 걱정된다는 것이었습니다.

고백은 하고 싶지만, 그동안 거절당한 기억과 더불어서 자신 때문에 일자리를 그만두게 하는 것이 걸려서 고백하기 힘들다는 얘기였습니다. 친구에겐 흔하게 할 수 있는 위로를 해주고, 집으로 돌아와서 친구 우니히필리를 만나러 갔습니다.

　서늘한 바람이 불고, 발목까지 올라온 냇가에 서 있었습니다. 큰 나무들이 그늘을 만들어 놓아서 쉬고 싶을 때 쉴 수 있는 장소와 딸기와 말랑말랑한 복숭아나무가 근처에 있었습니다. 냇가는 어찌나 넓은지 1분 정도 걸어야 그 끝에 손을 댈 만큼 넓었습니다. 친구의 내면은 정말 포근하고 따스했습니다. 저를 괴롭히고 힘들게 하는 요소는 넓은 냇가 외엔 느껴지지 않았습니다.

　"계신가요?"
　"누구시죠?"
　"저는 E 군의 친구입니다."
　"반가워요"
　"혹시 E 군의 우니히필리이신가요?"
　"저는 그저 이곳을 지키고 머무는 존재일 뿐이에요"
　"그러셨군요. 다름이 아니라 여쭤보고 싶은 게 있습니다"
　"그게 무엇이죠?"
　"제 친구 E 군에게 좋아하는 여성이 생겼는데, 고백하기 어렵다고 합니다"
　"그리고 그 여성이 일을 그만둘까 봐 그것도 걱정하는 것이겠군요?"
　"예. 잘 알고 계시네요. E 군을 위해 도움을 주실 수 있나요?"
　"어떤 도움을 원하는 건가요?"

"애인이 생기면 좋겠지만, 인연이 닿지 않더라도 E 군 마음이 불편한 일들이 발생하지 않았으면 좋겠어요"
"그렇다면 당신은 나에게 무엇을 해줄 수 있나요?"
"하얗고 밝고 따스한 빛을 드리겠습니다"
"그게 무엇이지요?"

말보단 행동으로 레이키를 보냈습니다. 어느 정도 시간이 지나고, 주위에 레이키로 인해 충만해졌다는 느낌이 들었습니다. 주위를 둘러보니 처음에 왔을 때보다 더 반짝반짝 빛이 나고, 기가 충만해진 느낌이었습니다.

"이것 외에도 제가 할 수 있는 것이라면 도와드리겠습니다"
"이곳이 이전보다 조금 더 밝아지고 기가 충만해졌네요"
"고맙습니다. E 군을 위해 조언이나 정화 도구가 있다면 알려주시겠어요?"
"E 군은 너무 착하고, 배려심이 많아요"
"예. 맞습니다"
"때론 이기적일 수 있는 독한 마음도 필요한데 그걸 가지려고 하지 않지요"
"사람의 심성이 좋아야 한다고 믿는 친구입니다"
"독한 마음을 먹을 수 있게 해주는 정화 도구는 토마토와 초콜릿입니다"
"감사합니다. 혹시나 다른 것도 있을까요?"

"그리고 마음을 편하게 해주기 위해서 그동안 하려고 했지만, 여건 때문에 하지 못했던 것을 하면 많이 완화가 될 거예요"
"정화 도구와 해결 방법에 대해 알려주셔서 고맙습니다"
"그리고 당신은 저를 위해 좋은 향을 열흘 동안 피워주세요"
"그렇다면 성함을 알려주실 수 있나요?"
"내 이름은 당신의 언어로는 알아들을 수 없답니다"
"그렇다면 말씀해주신 좋은 향이라는 건 어떤 것인가요?"
"당신이 맡았을 때 내가 떠오르는 향이면 상관없어요"

그분의 목소리는 나긋하고 차분했습니다. 제가 아무리 무례하게 말을 해도 조곤조곤 이야기할 것만 같은 목소리였습니다. 친구에게 우니히필리를 만난 얘기는 하지 않았지만, 토마토와 초콜릿을 선물로 주었습니다. 그리고 "요즘 일하느라 스트레스가 많아 보여. 술로 풀지 말고 여건이 안돼서 하지 못했던 일을 하면서 푸는 건 어때?"라고 제안을 했습니다. 친구는 어리둥절하더니 제 말을 듣고 오랜만에 1박 2일로 여행을 갔다 왔습니다. 몇일 후 E 군에게 좋아하는 여성과 어떻게 되었는지 물어보았습니다.

"역시나 잘 되진 않았어. 그런데 용기 내서 말해준 건 고맙다고 하더라. 자기도 이런 일로 일을 그만두고 싶지 않으니, 이 일은 서로만 알고 있자고 말하더라고"

여성분은 금년 2월까지 일을 마치고 사람들의 환대를 받으며 다른 일을 찾으러 갔다고 합니다. 그리고 그 분이 말씀하셨던 향은 다이소에서 파는 향초를 열흘동안 저녁마다 태우면 고맙다고 마음 속으로 표현했습니다.

나에겐 성령 은혜, 너에겐 소음 공해

　　몇 년 전부터 길거리에서 버스킹을 하는 사람들이 많이 늘어나고 있습니다. 이전에는 길거리에 한 그룹이나 혹은 거리를 여유롭게 두고 잔잔한 노래를 하는 사람들이 많았습니다. 하지만 예전에는 로망이고 청춘이었다면 요즘에는 마치 경쟁을 하듯이 시끄럽게 버스킹 하는 사람들이 늘고 있습니다. 지나가다가 들으면 노래를 부리는 건지 아니면 누구 목소리가 크고 잘 찢어지는 음을 내는 대결을 하는지 헷갈리기도 합니다. 그러다 보니 버스킹 하는 곳에 거주하는 사람들의 불만과 버스킹 하는 사람들 사이에 언쟁이 오가는 경우도 많습니다.

　　얼마 전에 홍대에 옷을 사러 가는 길이었습니다. 젊음의 거리답게 춤을 추거나 버스킹을 하는 인원들이 꽤 있었습니다. 그러다가 언쟁을 하는 소리가 들려서 가보니 버스킹 하는 사람과 그 앞 가게 주인이 목소리 높여서 싸우고 있었습니다.

　가게에서 거리가 있는 곳에서 했기에 당신이 상관할 바가 아니라고 하는 버스커. 버스커의 노래가 시끄러워서 손님들이 밥을 먹는데 스트레스를 받고 있다는 가게 주인. 둘의 입장은 이해가 되었지만, 그날따라 유난히 마음이 불편했습니다. 정확히는 가게 주인의 말이 그날따라 제 마음을 불편하게 했습니다.

> 하여간 노래하는 놈들치곤, 싸가지 있는 놈들이 없어!
> 니들이 하면 로맨스고, 내가 얘기하면 고성방가냐?
> 인기를 얻고 싶으면 그 전에 사람이 되는 거 어때?

　이런 말들을 들을 때마다 마치 저에게 하는 것처럼 속이 부글부글 했습니다. '도대체 내가 왜 화가 나고 분노에 휩싸이는 걸까?' 곰곰이 생각해 보아도 답이 나오지 않았습니다. 그리고 바람에게 제가 왜 이렇게 기분이 안 좋은지 내면의 기억을 재생해달라고 요청했습니다.

　어릴 적, 제가 다니던 교회는 산동네에 위치했습니다. 모든 산동네에 사는 주민들이 그런 것은 아니지만, 제가 사는 곳은 사람들이 꽤 거친 편이었습니다. 제 또래에 형들과 청년회 사람들이 무척 많았던 교회였기에 항상 왁자지껄한 분위기였습니다. 예배가 끝나도 사람들끼리 남아서 라면을 끓여 먹고 티비를 보면서 시끄럽게 떠드는 일은 매일있었습니다. 그리고 악기를 다룰 줄 아는 형들과 함께 찬송가나 CCM을 부르면서 밤늦게까지 놀다가 집에 가는 일이 많았습니다.

그러던 어느 날, 다른 날과 비슷하게 예배가 끝나서 라면을 끓여 먹고 형들과 웃고 떠들면서 드럼과 기타 그리고 피아노를 치면서 저녁 늦게까지 찬송가를 부르고 있었습니다.

쾅! 쾅! 쾅! 쾅!

교회 대문을 두드리는 소리와 함께 거친 욕설이 들렸습니다. "밤늦게 시끄럽게 굴면 어떡하게 하냐? 너희들 때문에 우리 애가 공부도 못 하고 잠도 못 잔다"며 불만을 터트리러 온 동네 주민분이었습니다. 글로는 많이 순화해서 적었지만, 그 아저씨는 종교적인 욕설과 부모욕 그리고 머리에 피도 안마른부터 해서 목청을 높이며 화를 내고 교회를 나갔습니다.

욕설을 하던 도중에 교회 형들과 분위기가 험악해지기도 했습니다. 욕설을 제외하곤 아저씨 얘기가 틀린 것은 없습니다. 밤늦게까지 드럼과 기타 그리고 피아노를 치는 것은 예의가 아닙니다. 하지만 그 당시엔 '성령의 인도 하심에 따라 노래하는 우리를 방해하는 나쁜 사람'이라는 인식이 무척 강했고, 아저씨가 교회 대문을 나가기 무섭게 더 크게 찬송을 불렀습니다.

이 기억이 떠올랐고, 정화를 해야 한다는 걸 알 수 있었습니다. 그래서 우니히필리 바람을 불러서 어떡게 해야 정화가 되는지 물어보았습니다.

"제가 이 기억을 정화하고 싶으면 어떻게 하면 될까요?"
"그 때 사람을 눈앞에 떠올릴 수 있겠느냐?"
"어렴풋이 떠올릴 수 있어요"
"그 사람에게 진심을 담아서 사과한 뒤 대답을 들어보아라"
"아무런 말도 하지 않고, 기분이 나쁜 것처럼 느껴져요"
"그렇다면 그 사람이 너를 용서한다는 느낌이 들 때까지 말을 걸도록 해라"
"그러면 끝인가요"
"그다음 너와 그 사람과 연결되어 있는 연결 끈을 자르면 된다"
"그렇다면 그 연결 끈을 자를 때도 그 사람에게 물어봐야 하나요?"
"그렇다. 그리고 자를 때도 고맙다는 표현과 함께 단번에 자르면 된다"
"감사합니다. 항상 하던 대로 레이키를 하겠습니다"

바람에게 레이키를 보내준 후 알려준 대로 해보았습니다. 단숨에 끝날 거란 생각과는 다르게 시간이 오래 걸렸습니다. 말을 걸어도 묵묵부답에 때론 기억에 남아있는 욕설을 할 때 그 불쾌감이 덮치기도 했습니다. 그렇게 한 달이 지나갔을 때, 용서한다는 느낌이 들었고 연결 끈을 끊어도 된다는 느낌이 들었습니다. 무척 개운하고 어두컴컴하고 묵직한 기운이 사르륵 녹는 듯한 기분이 들었습니다. 그 다음부턴 그때 그 기억 때문에 불쾌하거나 기분이 나빠지는 일이 줄어들었습니다.

섹스를 두려워하는 F양 우니힐링 리딩

F양은 제가 우니 리더로 있을 때 만난 내담자였습니다. 애인과 사귈 때마다 F양은 꼭 섹스를 해야 한다는 것 때문에 무척 괴로워했습니다. 섹스를 해도 성적인 기쁨이 느껴지지 않았고 상대방의 끈질긴 요구(때론 이별을 할 거란 으름장) 때문에 어쩔 수 없이 하는 경우가 많았습니다. 원치도 않은 섹스이기에 리액션도 없었고 어서 빨리 사정하고 끝나길 바랐습니다. F양의 섹스 리액션이 없다 보니 애인들은 한결같이 "나를 사랑하지 않는구나? 사랑한다면 리액션을 보여야지!"라며 강요를 하는 일이 많았습니다.

그러다 보니 이젠 애인을 만나는 것도 싫어지고 남자와 마주치는 것조차 싫어하게 되었습니다. 그렇게 남자와는 앞으로 연애도 하지 않을 거라 다짐했던 F양에게 좋아하는 남자가 생겼습니다. 그 사람은 손잡는 스킨쉽도 하지 않았고, 그저 F양의 눈을 보며 얘기만 나눴습니다.

어느 날은 F양이 그 남자에게 "내일 아침에 같이 밥 먹고 헤어질까?"라며 그 사람을 떠보았습니다. 그러자 그 사람은 "아직은 너를 소중하게 여기고 싶어"라는 말로 거절을 했고, 그 말에 F양은 그 사람에게 더욱더 빠졌습니다. 하지만 섹스를 정말 싫어하는 F양은 그 사람과 섹스를 하게 될 때 이전처럼 목석이 되거나 느끼지 못할까

정재욱

봐 무척 걱정했습니다. "솔직하게 남자에게 말하는 게 가장 좋지 않을까요?"라는 말을 해도 F양은 그 외에 다른 방법이 있지 않겠냐며 우니히필리 리딩을 요청했습니다.

짙은 새벽, 주위에 가시넝쿨과 누구의 방문도 거절하는 듯한 장미 문이 보였습니다. 식물들은 풀이 죽은 것처럼 땅을 향해 보고 있었고 스산한 기운이 온몸을 감쌌습니다. 그곳을 다스리는 우니히필리를 불러도 아무런 대답을 들을 수 없었습니다. 1주일 동안 레이키를 보내고, 대화를 요청해도 묵묵부답이었습니다. 이번에도 묵묵부답을 한다면 우니히필리와 인연이 아니다는 생각이 들었습니다.

"남자에게 아무런 말도 하고 싶지 않아!"
"F양은 이 문제를 해결하고 싶어 합니다"
"남자에게 아무런 말도 하고 싶지 않아!"
"많은 걸 바라지 않습니다. F양에게 도움이 될만한 조언이나 정화 도구를 알려주세요"
"남자에게 아무런 말도 하고 싶지 않아!"
"마지막으로 여쭤보겠습니다. F양의 문제를 해결할 수 있게 도와주세요"
"..........그 남자에게 솔직하게 말하라고 해!"

그 말 외엔 어떠한 얘기도 하지 않았습니다. 억지로 할수록 좋은 결과가 나오지 않는다는 걸 알기에 레이키를 사방에 보내주고 나왔습니다. 그리고 F양에게 이야기를 들려주니 "예상했습니다"며 안타까워했습니다. 나중에 얘기를 좀 더 나눠보니 주위 사람의 영향에 의해 섹스에 대한 인식이 많이 바뀐 것이었습니다. 그 후 F양에게 어떻게 되었는지 물어보았지만, "대답하고 싶지 않아요"라는 대답만 들었습니다.

호오포노포노를 배우면 내 문제가 해결되나요?

제가 호오포노포노를 하고 있다고 하면 두 번째로 많은 질문이 바로 위의 질문입니다. 이 글을 읽고 계신 분들이라면 자신의 문제나 해결하지 못해서 곤란한 무언가 때문에 이 책을 읽고 계실 것입니다. 그동안 읽었던 자기계발서처럼 "당연히 당신도 저처럼 변할 수 있습니다. 시간이 조금 걸리겠지만 저도 했으니 당신도 할 수 있습니다"라고 말할 순 없습니다.

호오포노포노를 배우면 갑자기 삶이 변화할 수도 있지만, 그런 사람은 드물다고 생각합니다. 여전히 제 삶은 힘들고 제가 거쳐 가야 할 것들은 많습니다. 이전에는 "몰라, 난 해결하고 싶지 않아. 어떤 존재가 휘리릭 다 해결해줬으면 좋겠어"라고 도망을 쳤습니다. 지금은 "어차피 피해도 여전히 저 문제는 내게 남아있을 거야. 해결할 수 있는 방법을 찾아보자"며 문제를 받아들이는 방식이나 집중력이 조금씩 달라지고 있습니다. 어차피 눈을 돌린다고 내 안에 문제가 해결되는 것은 아니니까요.

그리고 앞서 말했던 대화 능력이 향상된 것은 아니지만, 사람을 대하는 것이 많이 편해졌습니다. 그것은 사실과 사실 아님을 구분하면서 부담감이 많이 사그라들었습니다. 이전에는 어제 친하게 얘기를 나눴던 사람이 오늘 갑자기 냉정하게 굴 때(나의 망상에 의한 결과) "저 사람은 변했다. 왜 갑자기 나한테 냉정하게 굴지? 내가 그때 너무 심하게 장난을 쳤나?"하면서 사실 아님에 사로잡혔습니다.

> 어제 친하게 지냈던 사람이 오늘은 나에게 차갑고 냉정하게 군다.
> 사실 -〉 나에게 차갑고 냉정하게 군다.
> 사실 아님 -〉 내가 너무 심하게 장난을 쳤나?
> 　　　　　 사람이 변했네 내가 뭘 잘못했길래 저 사람이
> 　　　　　 나한테 차갑고 냉정하게 대하는 거지?

이렇게 구분을 할 수 있습니다. 요즘 유행하는 팩트체크만 하는 것입니다. 처음에는 사실아님에 사로잡히는 시간이 많아서 힘들었습니다. 그러나 사실과 사실 아님을 하면서 사람과 관계를 맺다 보니 이전처럼 망상에 빠지거나 사실 아님에 사로잡히는 일이 점점 줄어들었습니다.

지금 이 순간에도 많은 사람들이 자신의 생각에 사로잡히고 사실 아님을 사실로 받아들이는 일이 많습니다. 그로 인해 오해를 하고 상대방과 대화로 풀지 않고 자신만이 결과를 내서 스스로 인연을 놓치는 경우가 많습니다. 호오포노포노를 만나면서 우니히필리를 만난 것도 좋았지만, 사실과 사실아님을 구분할 수 있게 된 것을 가장 큰 선물로 여깁니다. 앞으로 사실과 사실아님을 구분하면서 평온하게 대인관계를 맺으시길 바랍니다.

저의 글 외에도 다른 분들 글을 읽으면서 자신의 우니히필리와 만나시고 외부와 생생하게 교류하며 즐겁게 사시길 바라며 글을 마칩니다.

정재욱

정재욱

우니히필리 리딩을 통해 우니히필리가 들려주는 내면의 이야기를 들어보세요.

힐링을 받으시고 더 나은 정화되어 반짝반짝 빛이 나는 삶을 누리도록 도와드리겠습니다. 상담과 세션 안내는 True Love 블로그를 참고해주세요.

카카오톡 : soulvborn
블로그 : http://blog.naver.com/ahddnjfl
이메일 : ahddnjfl@naver.com

하미

일상의 정화

제가 저의 우니히필리를 만난 것은 2년 전 어느 봄날이었습니다. 우니히필리와 대화를 하는 것은 특별한 능력을 갖춘 사람들만 할 수 있는 일이라고 생각했었기 때문에 그전에는 대화를 시도할 생각도 못 했습니다. 하지만 제가 하겠다고 마음을 먹고 제 안의 작은 나에게 말을 걸기 시작하자 대답을 들을 수 있었습니다.

사랑스러운 내면 아이 루비와의 첫 만남부터 그 이후로 계속 이어진 대화, 그리고 그로 인해 정화하는 일상이 된 경험들을 옮겨봅니다.

하미

우니히필리를 만나기 위해 제가 가장 편안하게 느낄 수 있는 환경을 마음속으로 그려보았습니다.

바닥에는 보드랍고 푹신한 잔디가 깔려있고, 사방에는 굵은 기둥을 가진 키 큰 나무들이 저를 둘러싸고 있었습니다. 풍성한 나뭇잎 사이로 보석처럼 반짝이며 떨어지는 햇살 사이에 서서 저의 우니히필리를 느껴보았습니다. 잠시 기다리자 토끼를 닮은 아이가 눈을 크게 뜨고 조심스럽게 다가오고 있었습니다.

"안녕!"

토끼는 대답 없이 저를 바라보기만 하면서 눈을 깜빡였습니다. 저는 그 아이에게 다가서서 천천히 머리를 쓰다듬으며 말했습니다.

"잘 지냈어? 나는 하미라고 해. 너는 이름이 뭐야?"

이번에도 대답이 없었지만 저는 인내심을 가지고 기다렸습니다. 그러자 잠시 후 작은 목소리가 들려왔습니다.

"루비"

저도 모르게 미소가 지어졌습니다.

"루비구나! 반가워. 이제야 너를 부르게 되어서 미안해."
"나는 늘 혼자였어."
"그래. 너를 계속 혼자 있게 해서 미안해."
"너무 무서워서 쪼그라들기도 하고, 아무도 안 보이는 곳에 숨어 있기도 했어."

저는 마음이 너무 아팠습니다. 어릴 때 제 모습 같았기 때문입니다. 그 시절의 저에게 해주지 못했던 말을 루비에게 건넸습니다.

"미안해 루비야. 그리고 사랑해!"

저는 작고 귀여운 루비를 꼭 안아주고, 머리를 쓰다듬으며 등을 토닥여주었습니다.

"루비야, 앞으로는 항상 함께 있어 줄게. 더 이상 혼자 있게 내버려 두지 않아."
"정말이지?"
"응. 내가 널 지켜줄게."

루비는 그제야 옅은 미소를 지었습니다. 활짝 웃지도 못하는 루비를 보니 더 마음이 아팠습니다.

"우리 같이 정화할까? 그동안 내가 너를 외면할 수밖에 없었던 기억을 정화하고 싶어."
"어떻게 하는 건데?"
"음. 나와 함께 기도만 해주면 돼."
"난 별로 하고 싶지 않은데?"
"하하. 루비!"

생각지도 못했단 반응이어서 조금 당황했지만 바로 정신을 차리고 다시 물었습니다.

"지금 가장 원하는 게 뭐야? 정화 한 번 할 때마다 한 가지씩 소원을 들어줄게."
"소원? 음."

루비는 잠시 눈을 감고 고개를 비스듬히 기울이며 고민하다가 눈을 번쩍 뜨고 손뼉을 치며 말했습니다.

"나 고기 먹고 싶어! 지글지글 구워서 냠냠!"
"고기? 하하. 잠깐만 기다려!"

저는 루비를 위해 직접 고기를 구울 필요는 없었습니다. 그저 눈을 감고 머릿속으로 상상을 했습니다.

집 근처에서 제일 맛있는 돼지갈빗집을 선택했습니다. 평소에도 자주 가는 곳이기 때문에 상상하는 것이 어렵지 않았습니다. 테이블에 앉아서 양념갈비 1인분을 주문했습니다. 테이블에 반찬과 숯불이 세팅이 되고, 곧 고기가 나왔습니다. 뜨겁게 달궈진 석쇠에 고기를 얹자마자 '지글지글' 소리를 내며 익어갔고 그와 함께 제 침샘도 폭발했습니다.

잠시 기다린 후, 익어가는 고기를 작게 잘랐습니다. 상추와 깻잎을 손 위에 얹은 후 돼지고기 두 점과 고추, 마늘, 파채 등을 다 함께 싸서 야무지게 한입 먹었습니다. 먹는 상상에 너무 깊게 빠져서 루비를 잊을 뻔했습니다. 몇 점 더 집어먹은 후에야 루비를 다시 부를 수 있었습니다.

"루비야! 맛있었지?"
"아 행복해. 고기 좋아!"
"그렇구나. 우리 루비도 고기를 좋아하는구나! 앞으로 자주 먹자!"

루비는 고개를 크게 끄덕이며 말했습니다.

"이제 정화하자!"
"그래. 고마워. 우리가 그동안 함께 하지 못했을 때의 기억 정화합니다. 혼자여서 더 힘들게 느껴졌던 기억들도 모두 정화합니다. 앞으로 함께 지낼 날들이 선하게 풀릴 수 있도록 기도합니다"

"기도합니다!"
"귀엽구나 너!"

저도 모르게 루비를 꼭 껴안으며 볼에 뽀뽀를 해주었습니다. 루비도 행복한지 까르르 웃으며 제 볼에 얼굴을 비벼댔습니다.

"우리 다음에 또 만나자. 잘 지내고 있어!"
"응. 잘 가."

우리의 첫 만남이 있었던 바로 다음 날 저는 친구가 사는 돼지갈비를 실제로 먹게 되었습니다. 제가 약속을 잡은 것도 아니었고, 심지어 메뉴선택도 친구가 한 것이었습니다. 루비가 좋아할 것을 생각하니 평소보다 더 맛있게 느껴졌습니다.

저는 구입한지 10년 된 컴퓨터를 쓰고 있습니다. 본체뿐 아니라 모니터, 키보드, 그리고 타블렛도 모두 사용한 지 거의 10년이 되어 갑니다.

　2007년에 다니던 회사를 그만두고 프리랜서의 길로 들어섰습니다. 외주로 받은 작업을 하기 위해 저는 무리해서 최고 사양의 컴퓨터를 맞췄습니다. 그때 저는 3D 애니메이션 작업을 하고 있었기 때문에 고사양의 컴퓨터가 필요했기 때문입니다. 지금은 하는 일은 바뀌었지만 여전히 그때 구입한 컴퓨터를 쓰고 있습니다. 컴퓨터 사용기간이 늘면서부터 저는 매일 아침 컴퓨터를 켤 때, 저도 모르게 기도를 합니다.

　'오늘 하루도 무사히 켜져라!'

　그러던 어느 날 컴퓨터를 켰는데 아무리 기다려도 윈도우 화면으로 넘어가지 않았습니다. 모니터의 까만 화면 위에는 알 수 없는 메시지만 깜빡깜빡 거리고 있었습니다. 심장이 철렁했습니다. 매일매일 마감해야 하는 일을 하고 있었기 때문에 당장 작업을 해야 했습니다. 게다가 컴퓨터에 저장되어있는 데이터도 따로 백업을 해두지 않았기 때문에 컴퓨터가 사망하면 말 그대로 망하는 상황이었습니다.

너무 당황해서 몇 번을 강제로 종료하고 다시 켜 봐도 컴퓨터는 부팅되지 않았습니다. 멍한 상태로 까만 모니터를 바라보며 생각했습니다.

'수리점에 가야 하나? 새로 사야 하나? 데이터는 어떡하지? 우씨. 돈 들게 생겼네'

이런저런 생각으로 머리가 복잡해지기 시작했을 때 루비가 떠올랐습니다. 정화가 필요한 순간이었던 것입니다. 눈을 감고 심호흡을 몇 번 한 후에 루비를 불렀습니다.

"루비야. 루비야!"

잠시 기다리자 제 뒤에서 얼굴을 빼꼼히 내밀며 루비가 나타났습니다.

"안녕? 나 불렀어?"
"응. 루비야. 잘 놀고 있었어?"
"응"
"그렇구나. 정화하나 해줄래?"
"뭔데?"
"컴퓨터가 갑자기 안 켜져서. 정화해보고 그래도 안 되면 어떻게 할지 결정하려고"

"그래?"

루비는 고개를 기웃거리면서 무언가를 고민하더니 갑자기 눈을 반짝이며 말했습니다.

"갑자기 어푸어푸하면서 수영을 하고 싶어졌어. 바닷속에서 놀고 있는 물고기들도 볼래!"
"그렇구나. 우리 루비는 바다에서 수영이 하고 싶구나?"
"응!"
"알았어. 잠깐만 기다려봐."

마음이 급했지만, 루비가 하는 말과 행동이 너무 귀여워서 잠깐 시간을 내기로 했습니다. 지난여름 자주 가던 판포 포구를 떠올렸습니다. 간조 때 물이 빠지면 바닥이 다 드러나지만 만조 때에는 바닷물이 가득 차서 스노클링 하기에 좋은 포인트가 되는 곳입니다.

햇살에 반사된 바다 빛이 눈 부셨습니다. 빨리 물속으로 들어가고 싶어서 뜨거워진 방파제를 맨발로 뛰어갔습니다. 한 손에는 구명조끼를 들고 한 손에는 수경과 오리발을 들고 바다를 탐색했습니다. 물에 들어가면 목까지 물이 차는 깊이여서 수영을 잘 못하는 제가 놀기에도 적당했습니다.

뜨거운 햇볕 때문에 달궈진 돌이 너무 뜨거워서 계속 서 있을 수가 없었습니다. 바다로 풍덩 뛰어들었습니다. 수경 너머로 보이는 바닷속은 총천연색의 산호들과 다양한 종류의 물고기들이 가득했습니다. 잡으려고 손을 내밀면 손가락 사이로 빠져나가는 작은 녀석들은 아마 멸치 사촌인 멜 일 것입니다. 눈앞에 가득한 멜 떼 중 한 마리라도 잡아보려고 계속 시도했지만, 번번이 빈손이었습니다. 그때 루비의 웃음소리가 들렸습니다.

"까르르 까르르"
"재밌어 루비야?"
"응. 물고기들 너무 귀여워!"
"물속에서 자주 놀아야겠다. 우리 루비가 이렇게 좋아하는 줄 몰랐네?"
"응. 좋아!"
"그럼 이제 정화해도 될까?"
"응"
"나의 컴퓨터가 오래되어서 수명을 다했을 거라는 생각을 정화합니다. 일하기 싫었는데 핑계 대고 놀아야겠다는 생각도 정화합니다. 컴퓨터 안의 데이터들이 너무 소중해서 지워지면 안 된다는 생각도 정화합니다. 컴퓨터를 새로 살 때 써야 하는 돈이 아깝다는 생각을 정화합니다. 모든 일이 선하게 풀리기를 기도합니다"
"기도합니다"

그렇게 루비와 함께 정화한 후 잠시 눈을 감고 계속 의자에 앉아

있었습니다. 그 순간만큼은 결과에 대한 어떤 걱정도 없이 그저 편안한 상태였습니다. 이제는 되었을 거라는 근거 없는 확신이 들어서 컴퓨터를 다시 켰습니다. 아무 일도 없었던 듯이 저의 십 년 된 컴퓨터는 부팅이 되었습니다. 이제 빨리 오늘의 작업을 시작하라는 루비의 재촉도 들렸습니다.

"빨리빨리!"
"고마워 루비야"
"응. 나도 사랑해!"
"응? 하하. 그래 사랑해 루비야!"
"빠이~ 난 놀고 있을게. 얼른 일해!"

저는 제주도에 살고 있습니다. 제주도에 내려온 지 2년 만에 말로만 듣던 태풍이 관통하는 지점에 서 있게 되었습니다. 대형 태풍이 오고 있다는 소식을 듣게 된 저는 시간마다 일기예보를 체크했습니다. 뉴스에서는 새벽 5시쯤 태풍이 제주도를 관통하여 7시 정도에는 제주도를 완전히 빠져나갈 것이라고 했습니다.

초저녁부터 마당에서 날아갈 만한 것들을 치우고, 창문을 꼭꼭 닫았습니다. 한숨 푹 자고 나면 모든 일이 끝나 있기를 예상과는 달리 태풍의 피해가 크지 않기를 바랐습니다. 하지만 역시나 시간이 지날수록 비바람이 거칠어지는 게 느껴졌고, 저는 쉽게 잠을 이룰 수가 없었습니다. 자정이 넘어가면서부터는 살벌한 바람 소리 때문에 이불 속에서 말 그대로 벌벌 떨기 시작했습니다.

저는 죽음에 대한 공포가 남들보다 심합니다. 몸에 작은 이상만 생겨도 걱정을 산처럼 하는 사람이었기 때문에 그날의 공포를 더 크게 느꼈던 것 같습니다. 작은 고양이 하루를 꼭 끌어안고 이불 속에서 벌벌 떨었습니다. 영문도 모른 채 온몸을 결박당한 하루는 필사적으로 도망치려고 바둥거리다가 결국엔 탈출에 성공했습니다.

괜히 스트레스 주는 것 같아 더 이상 하루를 괴롭히지는 못하고 루비를 불렀습니다. 딱히 정화해야겠다는 생각도 하지 못했습니다. 그저 지금 옆에 누구라도 있으면 조금 나을 것 같다는 생각을 할 뿐이었습니다.

"루비야! 루비야! 너 거기 있니?"

저 멀리 언덕 위에서 쪼르륵 달려오는 루비가 보였습니다.

"어서 와, 루비야!"

제 품에 폴짝 뛰어올라 안기며 루비가 인사했습니다.

"안녕?"
"으응. 안녕 안 해! 나 지금 너무너무 무서워"
"왜? 무슨 일인데?"
"태풍 때문에 바람이 너무 무섭게 불고 있어. 공포 때문에 죽을 거 같아"
"태풍?"
"응. 한 서너 시간 후면 우리 머리 위를 지나갈 거야"
"그렇구나. 무섭구나"

루비는 계속 제 품에 안긴 채로 제 머리를 쓰다듬으며 말했습니다.

"우리 애니메이션 보자!"
"응?"
"재미나고 따뜻한 애니메이션 보고 싶어!"
"그, 그럴까? 지금?"
"응! 당장! 빨리빨리!"

루비의 성화에 핸드폰으로 최신 애니메이션을 검색했습니다. 제목은 기억나지 않지만 작은 동물들의 모험을 그린 디즈니 애니메이션이었던 것 같습니다. 이불을 뒤집어쓰고 작은 핸드폰 화면에 집중했습니다. 저도 모르게 그 영상 속의 동물들에게 감정이입이 되어서 태풍에 대한 걱정은 잊고 시간을 보낼 수 있었습니다.

애니메이션이 끝나고 난 후 여전히 바람 소리가 시끄러웠지만 저도 모르게 스르륵 잠이 들었습니다. 아침에 눈을 떠보니 언제 태풍이 지나갔냐는 듯이 해가 말끔한 얼굴을 드러내며 반짝이고 있었습니다.

#04

특별한 약속도 없고 밀린 업무도 없던 한가한 휴일 저녁이었습니다. 저는 핸드폰과 한 몸이 되어 침대 위에서 뒹굴뒹굴하다가 눈이 너무 피곤해져서 핸드폰을 내려놓고 눈을 잠깐 감았습니다. 그때 문득 루비가 떠올랐습니다. 지금 루비는 뭘 하고 있을까 궁금해졌습니다. 생각해보니 늘 무언가 정화할 일이 있을 때만 불러내서 부탁만 했던 것 같기도 해서 미안한 마음도 들었습니다.

눈을 감고 루비를 떠올리기만 했는데, 이름을 부르기도 전에 그 녀석의 모습이 보였습니다. 루비는 하얀색으로 칠해진 넓은 방 안에 혼자 앉아 있었습니다. 멍 때리고 있는 것처럼 보이기도 했고, 생각에 잠겨 있는 것처럼 보이기도 했습니다.

"루비야. 안녕?"

제가 다가서며 인사했지만 루비는 대답하지 않았습니다. 그저 무표정한 얼굴로 저를 빤히 바라만 보기만 할 뿐이었습니다. 평소와는 다른 분위기여서 괜히 긴장되었습니다.

"잘 지냈어? 뭐 하고 있었어?"
"그냥"

"심심했어?"
"응. 신나는 거 없어?"

걱정과는 달리 루비는 금세 예전의 밝고 귀여운 얼굴로 돌아왔습니다.

"신나는 거? 공연 같은 거 보러 갈까?"
"음악소리 쿵쾅쿵쾅! 좋아!"
"하하. 알았어. 근데 그전에 오늘은 너랑 대화를 좀 하고 싶은데?"
"대화?"
"응. 나한테 하고 싶었던 얘기 없어?"

루비는 얼굴을 갸웃거리고 눈알을 위아래로 굴리며 잠시 생각에 잠겼습니다. 그 모습도 귀여웠습니다.

"내가 보고 싶을 때는 안 오고 전화할 일 있을 때만 나를 찾아!"
"아! 그랬구나! 나 보고 싶었어? 부르지 그랬어!"
"불렀는데 안 왔어. 흥!"

입술을 삐죽이며 얘기하는 모습이 사랑스러워서 저도 모르게 그 녀석의 양 볼을 꼬집었습니다.

"아. 미안해. 몰랐어"
"흥"
"하하. 네가 불렀는데 내가 모른 척했단 말이지?"
"응!"
"난 정말 못 들었어. 네가 부르는 소리를 들었으면 당장 달려왔을 거야!"

난감했습니다. 제가 원할 때에는 언제든지 부르면 찾아오는 루비였는데 루비가 저를 찾을 때 제가 그것을 몰랐다니! 미안함 때문에 스스로 자책을 하려던 순간 좋은 생각이 났습니다.

"그럼 이렇게 하면 어떨까?"
"어떻게?"
""네가 부르는 소리는 내가 잘 못 들으니까 내가 필요하면 내 왼쪽 새끼손가락을 꼬집어줘"
"응? 손가락을 꼬집어?"
"그래! 새끼손가락이 갑자기 아프면 너한테 올게!"
"내가 할 수 있을까?"
"그럼! 할 수 있어! 지금 해볼래?"
"알았어. 잠깐만"
"아얏! 하하. 됐어. 잘하네!"

정말로 새끼손가락이 따끔했습니다.

"응! 응! 나 할 수 있어. 앞으로 내가 부르면 바로 와!"
"그래. 살살 꼬집어도 돼. 지금은 좀 아팠어!"
"헤헷. 알았어. 노력해볼게!"

이렇게 말하며 좋아서 깡총깡총 뛰는 루비가 귀엽기도 했지만 혼자 얼마나 외로웠을까 싶어서 마음 한구석이 아려왔습니다. 제가 외로워서 혼자 울고 있던 때가 떠올랐습니다.

"우리 정화 하나만 할까?"
"어떤?"
"외로움에 관해서. 나도 가끔 혼자 있을 때, 주위에 아무도 없다고 느껴질 때 너무 외로워서 죽을 거 같을 때가 있거든"
"알았어. 근데 내가 함께 있는데도 외로운 게 걱정돼?"
"네가 함께하니까 외로움에서 자유로워지도록 정화하고 싶어"
"그래 알았어. 같이 하자"
"늘 나 혼자 밖에 없다는 생각을 정화합니다. 외로움이 나를 삼켜버릴지도 모른다는 공포를 정화합니다"
"정화합니다"

그때 전화벨 소리가 들렸습니다. 핸드폰 액정을 보니 동네 후배 하연이의 이름이 떠 있었습니다.

"응. 하연아"

"언니 오늘 시간 있어요?"
"응? 무슨 일인데?"
"저녁때 공연 있는데 같이 보러 갈래요?"
"어머 정말? 안 그래도 무슨 공연 없나 찾아보려던 참이었는데"
"잘됐네요. 같이 가기로 한 친구가 급한 일이 생겼다고 해서. 그럼 한 시간 후에 만나요!"
"그래. 준비하고, 출발할 때 전화할게. 이따 봐!"

'생각지도 못한 공연을 가게 되었네. 근데 가수가 누구지? 뭐 누군지 중요한가'라고 생각하던 순간 왼손 새끼손가락이 찌릿했습니다.

'아얏! 모기라도 물린 건가?'라고 중얼거리는데 갑자기 루비가 떠올랐습니다.

"루비야! 네가 불렀니?"
"응! 내가 불렀어!"
"하하. 잘했어. 이렇게 하니까 금방 왔지?"
"응! 공연 보러 가는 거야?"
"아. 맞아. 공연 가! 신기하게도!"
"야호!"
"같이 신나게 놀자!"

저는 착하고 귀여운 고양이 하루를 키우고 있습니다. 어느 날 밤 하루와 장난을 치고 있는데 자세히 보니 눈이 이상했습니다. 한쪽 눈을 잘 뜨지 못하는 것이었습니다. 처음엔 '이 녀석이 윙크를 배웠나?'라고 생각했다가 말도 안 된다는 것을 깨닫고는 하루를 강제로 제 무릎에 앉혔습니다. 가까이서 눈을 자세히 보니 한 쪽 눈이 약간 부어 있었습니다. 거기에다 동공은 약간 패인 것처럼 보였습니다. 크고 투명한 하루의 동공에 상처라니! 너무 놀라서 심장이 쪼그라들 것 같았습니다. 당장 병원에 달려가야겠다 생각하고 시간을 보니 벌써 밤 10시가 넘은 시간이었습니다. 당장 병원에 가려면 응급실이 있는 병원을 찾아야 했습니다.

핸드폰으로 근처 병원을 검색하는데 갑자기 한 친구가 생각났습니다. 고양이를 12마리나 키우고 있는 집사 8년 차인 친구이기 때문에 조언을 구할 수 있을 것 같았습니다. 당장 그녀에게 전화를 걸어서 안부도 묻지 않고 하루의 증상을 말했습니다. 다 듣고 난 친구는 너무 걱정 말라며 급하게 치료받아야 할 상황은 아닌 것 같으니 내일 아침에 가라고 했습니다. 웃으며 말하는 친구의 말이 야속했지만 한편으로는 안심이 되었습니다. 아무 일도 아닌 일에 유난 떠는 엄마가 된 것 같았습니다.

사실 아픈 하루도 걱정이지만 모레 아침 예정되어있던 여행도 걱정이 되었습니다. 하루의 눈 상태가 심각한 것이어서 계속 치료를 해 주어야 하는 상황이라면 여행을 취소해야 할 것 같았습니다. 하지만 이번 여행을 손꼽아 기다리던 저로서는 생각하기도 싫은 상상이었습니다. 그래서 저는 급하게 루비를 불렀다.

"루비야! 루비야!"
"왜?"

풀밭에 누워서 뒹굴뒹굴하며 귀찮다는 듯이 쳐다보는 루비 옆으로 가서 손을 꼭 잡고 정화가 필요하다고 말했습니다.

"이번엔 무슨 일인데?"
"우리 하루 알지? 하루 눈이 이상해. 더 심해지지 않고 스스로 나을 수 있게 정화하고 싶어"
"병원엘 가봐"

루비는 몸을 한 바퀴 굴려서 저와의 거리를 만든 후 얘기했습니다. 너무 당연한 얘기를 루비에게 들어서 저는 조금 당황했습니다.

"응? 응. 그럼. 병원 갈 거야. 내일!"
"그럼 용건 끝?"
"아니! 병원은 내일 가는데 오늘 밤에 더 심해지지 않게 정화해야 돼. 그리고 내일 병원 가서 주사한 방 맞고 깨끗이 나아야 내가 그다음 날 여행을 간단 말이야"
"음. 무사히 여행을 가게 정화해야 하는 거 아니야?"
"그, 그런가?"

잠시 생각했지만, 우선순위는 하루였습니다.

"아니! 하루가 낫는 게 우선이야. 여행은 어떻게 되어도 상관없어!"
"그래? 그럼. 난 시원한 수박!"
"어머! 냉장고에 수박 있는 거 알았구나? 잠깐만!"

정화를 부탁할 때마다 루비가 원하는 것을 해서 잠시라도 행복하게 만들어 줍니다. 원하는 것을 실제로 하면 좋지만, 제 머릿속으로 상상하는 것만으로도 우리 루비는 만족하기 때문에 무엇을 요구해도 기쁜 마음으로 실행합니다. 이번에 원한 수박은 다행히 며칠 전 마트에서 사 왔던 것이 냉장고에 남아 있었습니다. 달고 시원한 수박을 우걱우걱 먹으니 제 속도 풀리는 것 같았습니다. 옆에 있던 하루에게도 한 조각 건네 보았더니 냠냠거리며 받아먹었습니다. 충분히 먹었다고 생각이 되어서 루비를 불렀습니다.

"이제 시작할까?"
"응"

"우리 하루의 눈이 아파서 힘들 거라고 걱정하는 마음을 정화합니다. 하루의 눈이 아픈 것이 내가 화장실 청소를 자주 안 해줘서 그런 거라는 죄책감을 정화합니다. 내일 병원에 가서 주사한 방 맞고 집에 와서 푹 자면 다 나을 거라는 기대를 정화합니다. 모든 일이 선하게 풀리기를 기도합니다"

"기도합니다"

루비와의 정화를 끝내고 난 후 하루의 화장실을 깨끗이 치웠습니다. 불을 끄고 침대에 눕자 하루가 이불 속으로 파고들었습니다.

'아프니까 애기가 되어 버렸구나' 하는 생각을 하니 괜히 짠해졌습니다. 하루의 머리를 쓰다듬으며 스르륵 함께 잠이 들었습니다. 다음날 눈을 뜨자마자 하루의 눈을 살펴보았는데 어제와 마찬가지로 눈을 잘 뜨지 못했고, 각막에 패인 상처 같은 것도 여전했습니다. 대충 씻고 늘 가던 동물병원으로 달려갔습니다.

의사선생님은 각막 검사하는 시약을 눈에 넣어서 상태를 보자고 했습니다. 시약을 눈에 넣으면 상처 있는 부위의 색이 변해서 어디를 얼마나 다쳤는지 알 수 있습니다. 그런데 이상하게 아무리 기다려도 하루의 눈은 변화가 없었습니다.

"눈에 아무 이상 없는데요?"
"네?"

"이거 보세요. 아무 변화가 없잖아요"

"어. 이상하네요? 어제는 눈도 잘 못 뜨고 각막에 패인 상처 같은 게 보였는데?"

"가끔 눈에 뭐가 들어가서 그렇게 보일 때가 있어요. 눈을 잘 못 뜨는 건 각막염 초기 증상일 수 있으니까 처방해준 안약 넣어주면 괜찮아질 거예요"

"아. 그런가요? 먼지였나? 아무튼 너무 다행이네요. 감사합니다!"

괜찮다는 의사선생님의 얘기를 듣고서는 저도 모르게 인사를 꾸벅했습니다. 집에 돌아와서 시간 맞춰 안약을 넣어주고 하루의 상태를 지켜보았습니다. 늦은 오후가 되자 반쯤 감겨있던 하루의 눈이 정상으로 돌아왔습니다. 물론 다음날 여행도 기쁜 마음으로 떠날 수 있었습니다.

저의 고양이 하루는 겁이 많습니다. 멀리서 누군가의 발소리만 들려도 후다닥 뛰어서 이불 속으로 숨어버립니다. 하루가 갑자기 뛰어와서 어딘가에 숨으면 택배가 왔구나 하고 알 정도입니다.

친구가 저녁을 먹으러 저희 집에 왔던 어느 날이었습니다. 역시나 하루는 친구가 오자마자 이불 속으로 숨어 들어가서는 한참 동안 꼼짝하지 않았습니다. 그러다가 얼굴을 빼꼼히 내밀며 눈치를 살살 보더니 이번에는 책상 아래로 내려왔습니다. 우리가 저녁을 다 먹고 난 후 밀린 이야기를 하는 동안에도 긴장을 풀지 않고 바짝 쫄아 있었습니다.

친구가 하루와 좀 친해져 보겠다며 가까이 가서 장난감을 흔들었지만 그 모습이 위협적으로 느껴졌던지 후다닥 거실로 튀어 나갔습니다. 어딘가에 잘 숨어있겠거니 하며 신경 쓰지 않고 있다가 돌아가는 친구를 배웅하기 위해 자리에서 일어났습니다. 집 앞까지 따라 나가서 인사하려고 친구와 함께 현관문 쪽으로 가다가 믿을 수 없는 광경을 보게 되었습니다.

이럴 수가! 현관문이 열려있는 것입니다. 아까 친구가 들어왔을 때 문을 꽉 닫지 않았던 모양입니다. 다급한 마음에 하루를 부르며 거실과 화장실을 찾아보았지만 어디서도 하루의 모습은 보이지 않았습니다. 정신없이 방에서 튀어나간 하루는 문이 열린 것을 보고 아무 생각 없이 밖으로 나가버린 것 같았습니다. 이동장에 넣어서 병원에 다녀올 때 말고는 한 번도 문밖을 나간 적이 없었던 하루였습니다. 혹시라도 찾지 못하게 될까 봐 겁이 났습니다. 이러다가 영영 하루를 보지 못하게 되는 건 아닐까 하는 생각이 들자 눈물이 왈칵 나왔습니다. 길고양이가 되면 겁 많은 하루는 하루도 버티지 못할 것입니다.

이런 모습을 본 친구도 당황해서 같이 찾아보겠다고 했지만 전 침착해지려고 애쓰며 친구를 보냈습니다. 하루가 제 친구를 보면 더 멀리 도망갈 것 같았기 때문입니다. 하루를 찾지 못하면 친구를 원망하는 마음 때문에 둘의 관계가 틀어질지 모른다는 생각도 들었습니다. 반려동물을 키워 본 적이 없는 친구이기 때문에 제 마음을 이해하지 못할 것이라고 생각했습니다.

친구가 떠나고 난 후 일단 심호흡을 했습니다. 무턱대고 나가서 찾는 것보다 일단 진정하고 뭘 어떻게 해야 할지 머릿속으로 그려보았습니다. 그때 제일 먼저 루비가 떠올랐습니다.

"맞아. 루비가 있었지!"

현관 앞에 쪼그려 앉은 채로 루비를 불렀습니다.

"루비야!"
"응. 안녕!"
"우리 하루가 집을 나갔어!"
"응. 알아"

이럴 수가. 너무도 태연하게 대답하는 루비의 말을 듣자 눈이 번쩍 뜨였습니다.

"하루가 집 밖으로 나간 걸 알아?"
"응. 아까 현관에 있는 신발 냄새 킁킁 맡다가 문밖으로 쪼르르 나가던데?"
"정말? 그럼 혹시 지금 어디에 있는지도 알아?"
"응. 잠깐만"

그렇게 말하는 루비의 말이 어서 빨리 이어지기를 간절히 바랐습니다.

'제발, 제발'
"아주 가까운 데 있어. 담장 밖으로 넘어가지도 않았네. 얼른 나가봐!"
"아. 그래? 마당에 있어?"
"응. 화단인가? 흙 위에서 뛰고 있어"

저는 신발을 신으며 다급하게 말했습니다.

"아! 고마워. 우리 하루 더 멀리 못 가게 정화 좀 해줘!"
"정화보다 낚싯대 들고나가. 그거 흔들어주면 따라 들어올 거야!"
"아, 그게 좋겠다. 넌 정말 최고다!"

신었던 신발을 벗지도 않고 방으로 뛰어가서 낚싯대를 찾았습니다.

"뛰지 마. 내가 말 걸고 있을게. 가만히 있으라고"
"어? 우리 하루랑 말도 할 수 있어?"
"그럼. 하루랑 자주 놀았는데?"
"어머나. 알았어. 일단 하루랑 얘기하고 있어. 하루 찾아와서 다시 부를게!"

루비의 말을 믿기 어려웠지만 일단은 하라는 대로 할 수밖에 없었습니다. 핸드폰의 플래시를 켜고 하루가 좋아하는 낚싯대를 흔들며 현관 밖으로 나갔습니다.

"하루야~ 하루야~"
"냐옹!"

이런. 정말 현관문 바로 옆 화단에서 무언가를 가지고 놀다가 제

목소리에 반응하는 하루가 있었습니다.

"이리 와 하루야!"

급하게 다가서면 도망갈지도 모른다는 생각이 들어서 낚싯대를 흔들며 유인했습니다. 반항 없이 쪼르르 달려오는 하루를 냉큼 잡아 들었습니다.

"아이고. 이 녀석아! 얼른 들어가자."
"냥. 냥!"

잠시 동안 하루를 잃어버리면 어쩌나 생각하다가 다시 만나게 되니 하루가 더 애틋하게 느껴졌습니다. 한참을 품에 안고 쓰다듬고 있으려니 눈물이 찔끔 나왔습니다. 계속 하루의 머리를 쓰다듬고 배를 만지고 발바닥을 닦아주고 있는데 하루가 귀찮다는 듯이 제 팔뚝을 앙 하고 물었습니다.

"이 녀석! 아파!"

하루는 제 품에서 튀어나가 거리를 두고 앉아서는 아무 일도 없었다는 듯이 그루밍을 시작했습니다.

"루비야! 하루 찾았어. 고마워!"
"응. 밖에 나가서는 아주 잠깐 무서워하다가 벌레 보고 흥분해서 정신없이 놀더라"
"그랬구나. 넌 언제부터 하루랑 얘기했어?"
"몰라. 그냥 원래부터 얘기했는데?"
"그럼 하루 이야기를 전해 줄 수 있니?"
"할 수 있어. 무슨 얘기를 하고 싶은데?"

평소에 하루가 도대체 무슨 생각을 하고 있을까 너무 궁금했습니다. 제가 사주는 사료나 캔이 좋아하는 맛인지, 저와 함께 있을 때 행복한지, 혼자 있는 시간에 외롭지는 않은지 등등 모든 것을 알고 싶었습니다.

"하루는 나와 함께 사는 게 행복한지 물어봐 줄래?"
"응. 근데 하루가 직접 얘기하고 싶데"
"내가 하루랑 직접?"
"응"
"그게 가능해?"
"그럼"
"어떻게?"

"이름을 불러봐. 그럼 대답할 거야"
"으으윽. 진짜? 해볼게!"

침대 위에 누워있는 하루의 배를 쓰다듬으며 눈을 마주 보고 나지막이 이름을 불렀습니다.

"하루야"
"하루야"
"잘 안 들리면 눈 감고 해 봐"

루비의 목소리가 들렸습니다. 하루가 누워있는 침대에 올라 하루가 있는 쪽으로 누운 후에 눈을 감았습니다. 손으로는 계속 하루의 부드러운 털을 쓰다듬으면서.

"하루야, 하루야"
"응. 엄마"
"하루야! 거기 있었구나! 엄마 목소리가 들리니?"
"응. 엄마"
"하루, 지금 기분이 어때? 오늘 행복했어?"
"음. 오늘 재미있었어. 아까 먹은 고기도 맛있었어"
"고기? 아 연어 큐브? 그거 하루 좋아하지?"
"응. 응!"
"하루는 엄마가 배 만져 주는 거 좋아?"

"응. 좋은데 조금만 더하면 귀찮아질 거야. 그럼 팔뚝을 물어 버릴 거야"
"악. 알았어. 그만 쓰다듬을게. 엄마 깨물면 아야 해!"
"나도 아는데 나도 모르게 물게 돼"
"새벽에 엄마 다리는 왜 자꾸 깨무니?"
"모기가 날아다녀서 잡고 싶은데 모기 너무 빨라. 너무 높아! 그래서 엄마 다리를 앙 깨물면 모기를 앙 무는 것처럼 재밌어"
"안돼. 엄마가 새벽에 너 때문에 깨잖아. 자꾸 그러면 엄마도 하루 깨물깨물 할 거야!"

하루는 제 팔을 물끄러미 바라보다 까끌까끌한 혓바닥으로 핥기 시작했습니다. 혓바닥에 난 돌기 때문에 기분 좋은 감촉은 아니었지만, 정서적으로 위로받는 느낌이었습니다.

"하루가 핥아 주면 엄마는 고마운데, 힘들게 오래 하지는 마. 하루 몸 핥는 것도 힘들 텐데 고맙지만 사양할게 하루야"
"그래? 근데 나도 모르게 그러는 거야. 하지 말라고 해도 어쩔 수 없어"
"흐흐. 알았어. 엄마가 참아볼게"
"하루는 엄마가 집에 없을 때 심심하거나 무섭지 않아?"
"엄마 기다려. 사냥 갔다 오면 냠냠 주니까 기다려"
"뭐 하면서 기다려?"
"창문 밖 구경. 엄마 발소리 기다려"

"하루 친구나 동생이 있으면 좋을까?"
"나 친구나 동생 필요 없어"
"정말? 동생이 오면 하루랑 같이 놀아주니까 혼자 있을 때 덜 심심할 텐데?"
"싫어! 동생 싫어!"
"알았어. 그럼 네가 필요할 때 얘기해줘. 네가 허락 안 하면 아무도 안 데려올게"

눈을 감고 한참을 얘기하다 보니 몸이 나른해지는 것이 느껴졌습니다.

"우리 이제 잘까?"
"응. 잘 거야"
"잘 자고, 우리 꿈에서도 만나자!"
"응. 안녕"
"루비야. 고마워 덕분에 하루랑 대화하게 됐어!"
"할 수 있었는데 왜 못하고 있었어? 바보!"
"그러게. 바보였어 나는. 오늘은 이만 잘게. 루비도 꿈에서 보자 안녕!"
"응. 안녕!"

#08

　인터넷에서 짧은 영상을 우연히 보게 되었습니다. 한 주택가의 작은 공터에 사는 새끼 고양이의 이야기였습니다. 새끼 고양이는 어미의 사채 옆을 떠나지 못하고 있었습니다. 어미가 죽었다는 것을 인지하지 못했기 때문입니다. 죽은 지 꽤 오래된 것처럼 보이는 엄마 고양이는 이미 부패가 진행되고 있었습니다.
　길거리에서 고깃 조각을 구하게 되면 그 자리에서 먹지 않고 총총거리며 입에 물고 어미 옆으로 왔습니다. 자고 있는 엄마가 일어나서 자기가 구해온 고기를 먹어주길 기다렸습니다. 빨리 일어나길 바라는 마음으로 엄마의 몸을 끊임없이 핥아주었습니다. 하지만 기적은 일어나지 않았습니다.

　동네 주민들은 더 이상 지켜만 보는 것이 새끼 고양이를 더 큰 위험에 빠뜨리는 일이라고 판단해서 결국 구조하기로 결정했습니다. 어미 곁을 떠나지 않으려는 새끼를 억지로 떼어낸 후 병원으로 이동했습니다. 병원에서 엑스레이를 찍었는데 그 엑스레이 필름을 화면으로 본 저는 제 눈을 의심했다. 먹을 게 없어서 길거리의 마른 나무뿌리나 돌 등을 먹었던 것이 위 속에 그대로 남아있었기 때문입니다. 좋은 사람들의 후원으로 수술을 받게 되었고, 따뜻한 케어를 받으며 회복기를 보낸 후에 입양까지 되었다고 합니다.

우니히필리 이야기 2

그 영상을 보고 나서 눈물이 계속 났습니다. 왜 그렇게 마음이 아픈 건지. 저는 그 작고 여린 고양이의 기억과 저의 기억을 정화하고 싶었습니다. 눈을 감고 그 고양이를 떠올렸습니다.

"아가야! 아가야!"

조금 거리를 두고 저를 쳐다보는 작은 고양이가 있었습니다. 엉망이 된 털과 앙상한 몸은 TV 속 화면 그대로였습니다.

"아가야. 배가 고프니?"
"응. 배고파"
"이리 오렴. 누나가 맛있는 거 줄게"

저는 닭 가슴살 삶은 것을 작게 찢어서 물과 함께 내밀었습니다. 천천히 조심스럽게 하지만 경계를 풀지 않고 다가오던 작은 고양이는 냄새를 킁킁 맡은 후에 이성을 잃고 허겁지겁 닭고기를 먹었습니다. 그렇게 먹다가도 자꾸 뒤를 돌아보았습니다. 하지만 그 녀석이 쳐다보는 곳에는 더 이상 어미는 없었습니다.

"엄마한테 가고 싶어?"
"응 우리 엄마도 배고파!"
"엄마는 고양이 별로 갔단다. 너도 여기서 즐겁고 행복하게 살다가 언젠가 그곳에 가면 엄마를 다시 만날 수 있어"

"정말? 엄마 다시 만날 수 있어?"

"그럼. 그동안 혼자서 얼마나 무서웠니?"

"엄마가 움직이지도 않고, 밥도 안 주고 놀아주지도 않았어"

"그랬구나. 그래서 네가 엄마한테 밥을 가져다준 거야?"

"응. 근데 갖다 줘도 엄마는 안 먹고 잠만 잤어"

"그래. 엄마도 고마워하고 있어"

"사람들이 엄마 가져갔어. 이제 엄마 없어!"

"그래. 지금은 누구랑 있어?"

"몰라"

"그 사람들이 너한테 무섭게 하니?"

"아니. 나를 귀찮게 해. 난 혼자 있고 싶어!"

"고양이 별로 가서 너의 엄마를 다시 만나기 전까지는 지금 함께 있는 사람들이 너의 엄마, 아빠이고 친구야"

"정말?"

"그럼. 그 사람들은 너를 너무 사랑해서 친해지고 싶어 해. 그래서 자꾸 너를 부르고 만지고 놀자고 하는 거야"

"그래?"

"응. 너도 그 사람들을 곧 좋아하게 될 거야. 엄마랑 살던 어둡고 좁은 골목의 기억은 잠깐 잊자"

"엄마를 잊으라고?"

"고양이 별로 가면 다시 기억날 거야. 이제 새로운 가족들하고 새로운 추억을 만들어야지"

"엄마. 엄마"

"누나가 정화해줄게."

"응. 누나 좋아"

"이 아이의 배고프고 외롭고 무서웠던 기억을 정화합니다. 그 모습을 보고 아파하는 내 기억을 정화합니다"

"그래. 지금 혹시 먹고 싶은 거 있어?"

"고기. 물고기!"

"아. 고등어 캔 하나 까줄게. 잠깐만"

캔의 뚜껑을 따서 건네주자 녀석은 또 허겁지겁 먹었습니다.

"천천히 먹어. 배고팠어?"

"응. 나는 맨날 맨날 배고파"

"앞으로는 새로운 가족들이 매일 맛있는 거 많이 줄 거야. 천천히 먹어도 돼"

제 말을 듣는 둥 마는 둥 하며 한참을 정신없이 먹었습니다.

"이제 누나 갈게. 새로운 가족들하고 부디 행복하게 살아"

"응. 고마워. 잘 지내볼게"

"그래. 귀여워. 어쩜 이리 사랑스럽니? 또 올게!"

"잘 가. 또 찾아와줘!"

"그래. 안녕!"

오랜만에 서울에 올라와서 여러 가지 일정을 마치고 부모님이 살고 계신 집으로 돌아가는 길이었습니다. 지하철을 두 번 갈아타고도 한참을 더 가야 하는 먼 길이었습니다. 마지막으로 갈아타야 하는 지하철이 들어오는 소리가 들렸습니다. 가방도 무겁고 다리도 천근만근으로 느껴졌습니다. 급하게 루비를 불렀습니다.

"루비야! 루비야!"
"응. 왜?"

오늘은 유난히 더 장난기 넘치는 표정이었습니다.

"지하철을 타면 빈자리가 있으면 좋겠어. 나 너무 피곤해서 서서 갈 기운이 없어"
"그래? 정화할까?"
"응. 정화해줘. 제발!"
"그럼 뭐 해줄 건데?"
"뭐 해줄까?"
"음. 엉덩이로 이름 쓰기!"
"풉. 뭐?"
"엉덩이로 이름 쓰기. 빨리 빨리. 지하철 거의 다 왔어"

루비의 말대로 지하철이 거의 다 들어와서 문이 열리기 직전이었습니다. 마음이 급해져서 루비가 원하는 데로 엉덩이로 이름 쓰기를 했습니다. 물론 상상으로 제 마음속에서 일어나는 일이었지만, 실제로 제 엉덩이가 씰룩였을까 봐 조금 걱정되었습니다.

"됐지?"
"하하. 응!"

지하철의 문이 열리는데 이런. 대충 훑어보니 좌석에는 이미 사람들이 다 자리를 잡고 있었고 서 있는 승객들도 몇 명 있었습니다. 실망 가득한 마음으로 자리를 잡고 서서 둘러보니 노약자석에 자리가 두어 개 비어있었습니다.

"루비! 내가 앉을 수 있는 자리를 비워줘야지. 노약자석은 내가 못 앉잖아!"
"깔깔깔"

대답도 못 하고 숨이 넘어갈 것처럼 웃는 루비였습니다. 왠지 얄미워서 한번 노려봐주었습니다. 그런데 그때 제가 서 있는 곳에서 두 칸 왼쪽에 앉아 있던 사람이 급하게 일어나는 것이 보였습니다. 내려야 할 곳을 뒤늦게 알아채고는 다급하게 뛰어내리려는 것 같았습니다. 하지만 제 바로 앞자리도 아니었고 그 빈 좌석의 앞에는 한 남자가 서 있었기 때문에 앉을 수 있다는 기대 따위는 하지 않으려고 했습니다. 그런데 거기 서있던 남자가 미동도 하지 않는 것입니다. 주위를 둘러봐도 그 자리를 노리는 승객은 보이지 않았습니다. 저는 용기를 내어 그 남자를 살짝 밀고서 그곳에 앉았습니다.

"루비! 고마워"
"하하. 재밌어"
"이 녀석!"

루비가 웃는 모습을 보니 저도 즐거웠습니다. 자리에 앉아서 편안하게 집까지 올 수 있게 된 것도 기뻤습니다.

#10

저는 낯선 사람을 처음 만날 때 스트레스를 조금 느낍니다. 그날도 제가 진행하는 프로젝트에 참여하기로 했던 사람을 인터뷰하러 가는 길이었습니다. 유난히 긴장되고, 위축되는 그런 날이었습니다. 그 사람한테 무시당하고 싶지 않았는데 자신감 없는 모습을 들킬까 봐 걱정이 되었습니다. 그 사람을 만나기 위해서는 한 시간 정도 운전을 해야 했기 때문에 가는 길에 루비를 불렀습니다.

"루비야?"
"응"
"응. 루비. 거기 있구나!"
"난 항상 여기 있어"
"그래. 루비. 고마워. 오늘도 정화하고 싶은 게 있어서 불렀어"
"긴장한 거 같아. 무슨 일인데?"
"내가 느끼는 감정을 너도 느끼는구나?"
"그럼. 슬픈지 기쁜지 두려운지 행복한지 다 알고 있어"
"나는 네가 어떤 감정인지 잘 모르겠는데"
"차차 알게 되겠지. 오늘은 뭘 정화하고 싶어?"
"한 사람을 만나러 가는 길이야. 그 사람하고 같이 일을 하고 싶어서 설득하러 가는 건데 거절당할까 봐 걱정돼. 내가 너무 부족한 사람이라는 것을 들켜 버릴까 봐 두려워"

하미

"거절당해도 괜찮아. 들켜버려도 괜찮아"
"아. 루비. 내가 널 위로해야 되는 거 아니야? 늘 네가 나한테 힘을 주는구나!"

루비의 따뜻한 위로는 저를 괜히 울컥하게 만들었습니다.

"정화하자"
"그래. 루비야. 나의 두려움을 정화합니다. 나의 못난 모습이 드러나는 것을 걱정하는 마음을 정화합니다. 나는 못난 사람이라는 것을 인정하지 못하는 마음을 정화합니다. 거절당하기 싫어하는 마음을 정화합니다. 나의 제안에 대한 거절이 나의 존재에 대한 부정은 아니라는 것을 알 수 있도록 정화합니다"
"정화합니다"
"고마워 루비. 뭐 하고 싶은 거 있어?"
"시원한 바닷물에 퐁당!"
"알았어. 그 사람 만나는 곳이 바다 근처니까 발만 살짝 담그고 가자!"
"오예!"

늘 쾌활한 루비입니다. 저와는 정반대의 성격인 것 같아 신선한 느낌이었습니다. 제 안에도 저런 밝은 모습이 있다니. 바닷가 옆에 차를 세우고 신발과 양말을 벗고 바닷가로 걸어갔습니다. 부드러운 모래가 느껴졌습니다. 바닷물에 발을 담그자 너무 차가워서 저도 모르게 뒷걸음질 쳤습니다.

"더! 더!"

루비의 성화에 다시 한 걸음 앞으로 내디며 바닷물에 발이 푹 잠기도록 했습니다. 정신이 번쩍 들면서 내 안의 어떤 조각들이 씻겨 나가는 느낌이 들었습니다. 그것은 내 안에서 나를 힘들게 하는 두려움의 근원들일지도 모른다는 생각이 들었습니다. 어쩌면 그게 아니고 그저 발에 있던 각질일 수도 있습니다.

물론 그날의 인터뷰는 성공적이었습니다. 처음 만났는데도 상대방을 편안하게 해준다는 칭찬까지 들었습니다.

#11

일본 여행을 마치고 돌아오는 비행기 안에서 저는 심각한 실수를 했다는 것을 깨달았습니다. 여행지였던 후쿠오카에서 제가 살고 있는 제주까지 각각의 비행기 표를 예약했었는데 환승 시간을 계산에 넣지 않고 제주행 비행기를 예약한 것입니다.

인천공항에 도착해서 김포공항으로 이동 후, 수속을 밟고 비행기를 타기까지 최소 두 시간의 여유는 있었어야 했습니다. 후쿠오카에서 인천공항까지 가는 비행기가 연착될 경우도 있으니 여유 있게 세 시간 정도는 시간차를 두었어야 했는데 저는 아무 생각 없이 인천 도착시각보다 겨우 한 시간 늦게 타야 하는 제주행 티켓을 예약했던 것입니다.

그 실수를 알아채고 난 후부터 머릿속이 복잡해졌습니다. 연착 없이 정시에 도착해서 택시를 타고 달리면 30분이면 가려나? 온라인 체크인을 해 두었으니 김포에 비행기 출발 30분 전에만 도착하면 될까? 아무리 요리조리 머리를 굴려보아도 가능한 시나리오가 보이지 않았습니다. 그래서 루비를 불렀습니다.

"루비야!"
"응"

"여행 즐거웠지? 맛있는 것도 많이 먹었는데 좋았어?"
"응! 신났어"
"근데 우리 집에 가는 길에 문제가 좀 있어"
"무슨 문제?"
"제주행 비행기를 놓칠지도 모르겠어. 어쩌지?"
"다음 비행기 타면 되잖아?"
"아!"

그렇습니다. 다음 비행기를 타면 되는 것입니다. 돈만 쓰면 비행기를 놓치는 것 정도는 아무렇지도 않게 수습할 수 있습니다. 실수로 인해 드는 비용은 어쩔 수 없지만, 그래도 뭐 제주도에 절대 갈 수 없는 상황은 아니었습니다 그렇게 생각하니 마음이 조금은 편해졌습니다. 제가 이렇게 불안해할 필요도 없었습니다.

"그렇구나. 그래도 우리 같이 정화 한번 할까?"
"응 알았어"
"뭐 하고 싶은 거 있니?"
"아니. 지금 너무 좋아. 하늘을 나는 거 기분 좋아!"
"그래. 조금 있다 김포에서 한 번 더 탈수 있으니까 계속 즐기고 있어!"
"응!"
"나의 실수를 자책하는 마음을 정화합니다. 비행기를 놓치면 큰일 날 것 같은 불안한 마음을 정화합니다. 돈을 더 써야 할지도 모른다는 생각으로 짜증이 나려고 하는 마음을 정화합니다"

　드디어 인천공항에 비행기가 도착하고, 수화물을 보내지 않았던 저는 빛의 속도로 공항을 빠져나왔습니다. 제주행 비행기 출발 한 시간 전이었습니다. 어차피 고속도로로 이동하는 것이기 때문에 택시나 공항리무진버스나 걸리는 시간은 비슷할 것 같았습니다. 운 좋게도 바로 출발하는 버스를 탈 수 있었습니다. 기사님께 예상시간을 물어니니 한 시간 정도 생각해야 한다고 하셨습니다. 그 말을 듣고는 왠지 마음이 편해졌습니다. 포기했기 때문입니다.

　그런데 기적 같은 일이 벌어졌습니다. 제가 탄 버스가 달리는 도로 위에 차가 하나도 없었습니다. 아니 하나도 없는 것은 조금 과장이고, 쌩쌩 달릴 수 있을 만큼의 교통량을 유지하고 있었던 것입니다. 바람처럼 달리는 버스에서 괜히 저도 모르게 다시 희망을 가졌습니다. 김포공항에 도착한 시간은 비행기 출발 전 20분. 또다시 달렸습니다. 출국장을 통과해서 짐 검사를 마치고 게이트 앞으로 가니 문을 막 닫으려고 하고 있었습니다. 제가 아마 마지막 손님이었던 것 같습니다. 너무도 다행히 비행기를 타고 좌석에 앉아 안전벨트를 맨 후 그제야 씨익 미소를 지을 수 있었습니다.

#12

가끔 아무 이유 없이 우울할 때가 있습니다. 제가 할 수 있는 일은 아무것도 없는 것 같고, 제가 지금 하는 일은 아무 의미가 없으며, 앞으로도 나아질 거라는 희망이 없게 느껴집니다. 그럴 때면 예전의 저는 저만의 동굴 속으로 깊이 내려가서 우울의 끝을 맛봅니다. 다른 사람을 만나면 저의 우울한 기운을 전염시키게 될까 봐 아무도 만나지 않습니다. 그런 감정이 심해질 때 저는 자살을 떠올리기도 합니다. 더 이상 살 이유가 있나? 여기서 그만할까 하는 생각이 듭니다. 하지만 실행을 한 적은 없습니다.

요즘에 그런 기분이 들면 저는 저의 루비를 찾습니다. 더 이상 혼자가 아니고 저를 이해해줄 누군가가 있다는 것만으로도 큰 위안이 됩니다. 함께 정화를 하고 나면 다시 일어설 수 있게 됩니다.

"루비야"
"응"
"우울하다"
"왜?"
"내 인생은 왜 이 모양 이 꼴인지 모르겠어"
"네 인생이 왜?"
"남들은 다 행복한 것 같고, 나만 불행한 것 같아. 정화하면 나아질까?"

"정화해도 어떻게 될지는 모른다는 거 잘 알잖아"

"맞아. 정화해서 내가 원하는 삶을 얻으려고 하는 건 아니야. 그저 선하게 가야 할 곳으로 가게 되길 바랄 뿐이지"

"그래. 같이 정화하자"

"고마워 루비야"

"정화가 끝나면 조용한 숲길을 걷고 싶어"

"그래, 가까운 숲길로 가자"

"응. 나무와 새들의 소리를 듣고 땅의 기운을 느끼고 싶어"

"나의 우울한 마음을 정화합니다. 이 우울한 마음에서 벗어나고 싶은 마음을 정화합니다. 내 시궁창 같은 인생에서 도망치고 싶은 마음을 정화합니다"

정화를 마친 저는 가벼운 채비를 한 후 제주의 알려지지 않은 숲길을 걸었습니다. 바람과 나무와 새의 이야기를 들으며 한참을 걷고 나니 아무것도 달라지지 않아도 괜찮을 것 같다는 느낌이 들었습니다.

이대로도 괜찮아.

하미
사랑하는 반려동물을 먼저 떠나보내고 난후 힘들어하는 사람들을 위로해 주는 '네가 떠난 빈자리"의 저자이며 1인 출판사의 대표이다.

호오포노포노를 접한 후 선한 삶을 위해 일상에서의 정화를 꾸준히 하고 있다. 현재는 애니멀 커뮤니케이션과 힐링을 공부하고 있다.

내 삶에 가장 큰 힘이 되어 준 우니히필리

혜심

너와의 첫 만남

    제가 저의 우니히필리를 처음 만났던 날은 흰 눈이 소복이 내리던 어느 겨울날이었습니다. 제 우니히필리는 어떤 모습으로 어떤 말을 해줄지 궁금하고 두근거렸던 저에 비해 막상 리딩한 제 우니히필리는 혼자서 너무나도 분주하게 움직이고 있던 토끼의 모습이었습니다. 토끼라는 의외의 모습에 저는 너무나도 반가웠는데 오히려 그 귀가 쫑긋한 토끼는 이리저리 부지런하게 움직이며 쉬지도 않고 일을 하고 있었습니다.

"좀 쉬었다 하지 그래?"라는 저의 말에 오히려 "쉬는 게 뭐야?"라며 되물었습니다. 그녀는 자신을 알아봐 주지 못한 저에게 서운했지만 그럼에도 불구하고 제가 생각하고 있는 걱정거리와 불안들을 모두 자신이 가득 안고서 그것들을 해결하기 위해 혼자 동분서주하고 있다고 합니다.

그러고 보니 저는 늘 일어나지도 않은 걱정을 하기도 하고 몸은 쉬고 있을 때에도 머릿속에선 계속 이어지는 일어나지도 않은 망상을 하고 있었습니다. 무엇이든 적당히는 좋지만 지나치게 되면 독이 되듯이 걱정과 망상 역시 제 한계를 넘어서게 되면 제가 저를 괴롭히게 하는 원인이 되었고 제 우니히필리를 과도하게 몰아붙이는 결과를 가져오게 되는데, 이는 제 우니히필리를 만나기 전까지는 전혀 몰랐던 사실이었습니다.

가만히 제 우니히필리에게 저를 만나주어 고맙고 지금껏 너를 알아주지 못해서 미안하다는 사과를 하자 오히려 그녀는 그동안 알아주지 않던 자신을 지금이라도 찾아주어 고맙다는 말을 했습니다. 그렇게 시작된 첫 만남 이후 우리는 항상 함께였습니다. 호오포노포노를 알고 나서 그냥 책을 통해 글로만 배우던 수박 겉핥기식이었던 호오포노포노를 우니히필리를 만남으로 인해 정말 제대로 생생하게 실습하고 있는 듯한 느낌이었습니다.

우니히필리는 저를 이끌어주는 가이드와도 같았고 저는 제 우니히필리가 어떤 선택을 해야 할지 도와주는 조력자가 되었습니다. 무언가를 고민할 때 충동적으로 선택하는 것이 아닌 제 우니히필리를 불러서 의견을 물어보고 최대한 효율적으로 결과가 나타나도록 선택할 수 있게 되었습니다.

우니히필리를 만난 일은 제 인생의 터닝 포인트가 되었고 이후로 저는 완전히 달라진 새로운 세계로 발돋움할 수 있었다고 생각합니다. 내면의 소리에 귀 기울여보라는 소리는 누구나 많이 들었을 이야기이고 중요하다고 여기지만 정말 그 소리에 신경을 쓸 수 있는 사람은 많지 않습니다. 자신의 우니히필리를 만나는 일은 바로 그런 내면의 소리와 직접적으로 대면할 수 있는 기회가 됩니다.

우니히필리와 함께 하는 일들은 마치 동화 같은 이야기들도 있으며 감동이나 자기 성찰을 주는 것들도 많이 있습니다. 어떤 일들이 있었는지 다른 글들을 통해 하나하나 알려드리겠습니다.

제 우니히필리를 만나고 나서 가장 변화되었던 것 중 하나는 '정화하는 방법'이었습니다. 그 전에는 그저 혼자 습관적으로 정화해야지라고 말만 하고서 어떻게 해야 할지 잘 되고 있는 건지 전혀 알 수가 없었는데, 우니히필리와 함께 정화하는 것을 배운 이후로는 정말 달라졌습니다.

지금 제가 우니히필리와 하는 정화방법은 사실 호오포노포노 책에서 나온 것과 별다른 것이 없습니다. 정화해야 할 기억을 찾고 그 기억을 모아 아마쿠아에게 올려보내는 것입니다. 하지만 예전과 달라진 것이 있다면 정화를 했다는 것에 대한 확신이 있다는 점입니다. 가장 어려운 것이 제가 하는 정화가 잘 되고 있느냐는 것을 알지 못하는 점인데 우니히필리와 함께라면 제 우니히필리에게 피드백을 받을 수가 있습니다. 물론 정화의 결과인 은혜의 비가 언제 내려오는지는 모르지만 일단은 지금 제가 정화하고픈 기억들이 하늘에 잘 닿았다는 것은 우니히필리가 알려줍니다.

정화했던 기억 중에 인상 깊었던 일이 있는데 운전을 하며 정화를 했던 날이었습니다. 그 날은 고속도로를 달리는 중이었는데 제 오른손의 네 번째 손가락에서 전해지는 어떤 느낌들을 받았습니다. 살짝 손가락을 굽혀 제 손을 확인해보니 네 번째 손가락만 묵직하게 잘

굽혀지지 않고 이상한 이질감마저 들었습니다. 왜 그 시간에 그 장소에서 제 손가락이 자신을 알아봐달라는 이야기를 했는지는 저도 알 수가 없었습니다.

일단 그 이유에 대해 이야기를 들어보기로 하고 그 느낌을 모아 오른손 안으로 살포시 모아보았습니다. 손안에 모인 그 느낌은 꼭 물기 많은 밀가루 반죽을 만지는 느낌이었습니다. 말랑거리지만 진득거리고 손에 붙으면 잘 떨어지지 않는 하지만 색깔은 아주 하얀 색이었습니다. 그 반죽 같은 것은 제게 맹세의 약속을 잊지말라고 이야기했습니다. 어떤 맹세인지는 자세히는 알 수 없었지만, 그것을 위해 저는 네 번째 손가락을 잘라서 약속을 이어가기로 했던 것 같습니다.

그리고 이후 제 눈에 보인 건 자동차 대시보드에 아무렇게나 놔둔 엉킨 이어폰 줄이었고, 그 맹세가 아직까지 저를 옭아매고 있다는 생각이 들었습니다. 약속을 했던 그 당시에는 필요한 것이었겠지만 이제 지금 이 시간에는 그것에서 벗어날 때가 되었나 봅니다. 그래서 지금 저를 찾아 이야기를 건넨 것이라 생각했습니다. '왜' 인지에 대한 이야기를 들었고 그 '기억'에 대해 알게 되었으니 저는 우니히필리들을 한데 불러 모아 그 기억에 대한 정화를 부탁했습니다.

제가 정화해야 할 기억들이 넓은 방 가득히 낙엽의 모양으로 잔뜩 쌓여있었고, 제 우니히필리들은 그 낙엽들을 모아 불태우기 시작했습니다. 위에 있던 낙엽은 그나마 말라 있어서 잘 타는데 밑으로 내려갈수록 습기를 잔뜩 머금은 낙엽들이라 바닥에서 잘 떨어지지도 않고 불에 타는 것도 아주 힘들었습니다. 저의 우니히필리들은 주로 동물형 우니히필리라서 사람처럼 손으로 낙엽을 모으는 것이 아닌 발이나 입으로 힘겹게 바닥에 붙은 낙엽을 닥닥 쓸어 모으는 모습을 보니 괜히 찡하기도 했습니다. 모두 흙투성이가 되면서까지 전부 낙엽들을 주워 모아 다 불태우고 나니 정화가 끝났다는 메시지를 받을 수 있었습니다.

그 시간에 저를 찾아와준 기억에게 정화를 도와준 제 우니히필리들에게 제가 겪고 있는 모든 상황들에 감사한 시간이었습니다. 이렇게 우니히필리와 함께 하는 정화는 심심하고 지루한 것이 아닌 조금 더 다이나믹하고 제가 이해할 수 있는 방법으로 이루어집니다. 그리고 그때마다 다른 방법이나 다른 이미지를 통해 재미나게 정화를 할 수도 있습니다.

앞서 했던 것처럼 낙엽을 태우기도 하고 용광로에 기억을 집어넣어서 없앨 수도 있고 무지개를 상상할 수도 있습니다. 어떤 것을 선택하든 무궁무진하고 항상 새롭습니다. 우니히필리와 함께 하는 정화가 지겹지 않은 이유도 그에 있습니다. 똑같은 것을 하면 지겹다는 것을 우니히필리가 더 잘 알기 때문에 매번 다른 식으로 방법들을 바꿔가며 시도할 수 있습니다.

다른 사람의 우니히필리가 정화하는 방법을 듣는 것 또한 재미난 일 중의 하나입니다. 그것을 듣고 나도 하고 싶다면 그 방법을 쓰는 것도 좋은 방법입니다. 함께 정화한다는 것은 이렇게 즐거운 놀이시간과도 같습니다.

우니히필리의 모습과 변신

저의 무의식 혹은 내면 아이라고도 불리는 우니히필리는 인지하기 쉽게 생김새가 어떤지를 살펴보고 거기에 이름을 지어줍니다. 그래서 그 이름만으로 어떻게 생겼는지 바로 떠오르기 쉽게 하는 역할을 합니다.

모든 사람의 우니히필리는 서로 다 다르게 생겼습니다. 똑같은 사과 모양의 우니히필리라고 해도 각자가 생각하는 사과의 모양이 조금씩은 다 다르기 때문에 우니히필리의 모양도 그 사람이 생각하는 대로 달라지게 마련입니다. 어떤 모습의 우니히필리이건 그 모습에 따라 우리가 생각하는 성격이 반영되기 마련입니다. 만약 누군가의 우니히필리가 10대 소녀의 모습으로 나타난다면 그것은 그 사람의 내면은 10대 소녀와 비슷하게 감정이 풍부하고 여리기도 하며 장난기도 많은 사람이라는 뜻이 됩니다. 혹은 동물 모양의 우니히필리라면 그 동물이 가지고 있는 특징이 반영되어 있다는 말이기도 합니다. 많은 사람들이 동물 모양의 우니히필리를 만나는 경우가 많고 그 동물이 가지고 있는 특성을 스스로 가지고 있습니다.

그래서 우니히필리 리딩을 통해 만나게 되는 그 사람의 우니히필리와 이야기를 나누다 보면 그 사람과 직접 이야기할 때보다 훨씬 더 많이 그 사람에 대해 알게 되는 재미난 일들도 많습니다. 감정과

하고 싶은 이야기를 거르고 숨기며 이야기해야 하는 어른들에 비해 우니히필리는 거침없이 자신의 감정에 대해 솔직하게 이야기하기를 좋아하기 때문입니다.

딱딱하게 느껴지는 겉으로 보이는 모습과는 다르게 우니히필리의 모습은 정반대로 애교 넘치고 다정한 사람의 우니히필리를 만나는 것은 매우 흥미로운 일입니다. 아무도 몰랐던 숨겨진 본래의 모습을 만나는 것도 같은 느낌이 듭니다. 그리고 자신의 우니히필리에 대한 생김새와 이야기를 듣고 난 이후에는 많은 수의 사람들이 자신의 원래 성격과 비슷하다는 말을 하기도 합니다. 원래 성격이 그랬지만 지금은 그렇지 않다는 말은 여러모로 자신의 성격이나 하고 싶은 말을 억압하며 살고 있고 자기 자신의 표현을 제대로 하고 있지 못하고 있다는 증거입니다. 그것이 쌓이고 쌓이면 울화나 화병으로 뭉쳐 자유로운 나를 찾는 데 방해가 되기 때문에 내 우니히필리를 통해 나의 본 모습을 찾는 것은 아이들뿐만 아닌 스스로를 항상 억압하고 있는 어른들에게도 꼭 필요한 일이 됩니다.

한 가지 더 재미나고 신기한 것은 우니히필리의 모양은 처음과 똑같이 고정되지 않는다는 점입니다. 어떤 때는 옷이 바뀔 때도 있고 동물형태라면 털색깔이 바뀌기도 하며 그 형태가 변화됩니다. 이러한 변화는 무엇 때문에 일어나는 것일까요?

우니히필리는 자신의 무의식을 대표하는 존재라고 했습니다. 제가 저를 소개할 때 한 가지 만으로만 소개하지 않고 이름, 사는 곳, 나이, 직업 등등의 여러 가지 방법으로 소개하듯이 우니히필리도 숨겨진 자신의 무의식에서 도드라지고 싶은 것이나 지금 필요한 무의식의 상태가 나타나야 할 때가 있을 때 드러나게 됩니다. 그래서 그 당시에 그 우니히필리가 담당하고 있는 부분이 새로운 우니히필리로 나타나게 될 때도 있고 기존의 우니히필리가 새로운 옷이나 모습을 하고 나타나기도 합니다.

어떤 것이든 간에 우니히필리의 변신은 자신의 모습과 마음 그리고 주변의 변화를 의미합니다. 새로운 변화에 대해 가장 민감하게 반응하는 것이 자신의 우니히필리이고, 그 변화에 발맞추어 적용시킨 것이 새롭게 변신한 우니히필리이기 때문에 그럴 때 새로워진 우니히필리와 이야기를 통해 변화의 과정에 대해 물어보고 어떤 것이 필요한지에 대해서도 서로 알아가는 것이 중요합니다. 그리고 같이 정화를 하며 변화가 나에게 긍정적인 방향으로 가게끔 하는 것도 필요합니다.

하나의 우니히필리가 아닌 여러 존재의 우니히필리가 있다면 각자가 담당하는 부분이 어떤 것인지, 그리고 그것을 알아낸다면 그 담당하는 것에 대한 일을 할 때나 하기 전에 먼저 우니히필리와 함께 정화를 진행하면 훨씬 그 일을 하는 데 도움이 될 수 있습니다.

저의 우니히필리 역시 한 개의 형태가 아니라 여러 형태를 가지고 있습니다. 각자 소개를 해 보자면 토끼 모습을 하고 있는 앤, 고양이 모습을 하고 있는 화기, 강렬한 빨간 머리를 한 아란이, 매력적인 까만색 뱀인 히네스, 민들레 홀씨 모양처럼 생긴 리리등등이 있습니다. 이 외에 중간중간 제가 필요하거나 어떤 특성이 발현될 때 그때만 잠시 나타나는 우니히필리도 물론 존재합니다.

이런 많은 형태를 가진 우니히필리는 각각이 담당하고 있는 것들이 조금씩 다 다르다는 것이 재미있습니다. 토끼의 형태인 앤은 약하게 보이지만 나 자신을 상징하는 존재입니다. 토끼가 가진 특징인 순하고 얌전하게 보이지만 사실은 까칠한 면도 있는 그런 성격을 대변하고 있습니다. 아란이는 제가 에너지 힐링 요법을 사용할 때 도와주는 우니히필리입니다. 누군가 에너지 힐링이 필요할 때 저는 아란이를 부르고 같이 도와달라는 부탁을 하곤 합니다. 그리고 민들레 홀씨 모양의 리리는 강력한 정화가 필요할 때 리리와 함께 민들레 홀씨를 후~ 하고 날려 보내는 식으로 정화를 도와주곤 합니다.

이렇게 많은 우니히필리를 보면 조금 더 자신에 대해 특징적으로 세세하게 알 수 있다는 장점이 있고 또 한 가지 좋은 점은 북적거리는 우니히필리들을 보고 있으면 즐겁다는 점입니다.

제 우니히필리는 저의 어린 시절과 거의 흡사한 어린아이 수준이기 때문에 제가 잃어버린 저의 순수함을 간직하고 있습니다. 그래서 지금의 저는 아이처럼 놀지 못하지만 제 우니히필리가 노는 모습을 보며 대리체험을 하고 그것으로도 충분히 즐거워질 수 있습니다. 그리고 상상 속의 저도 그들과 함께 어울려 놀며 현실에서는 하지 못한 즐거운 놀이들을 하며 마음껏 저를 표현할 때도 있습니다. 제가 미처 그들을 챙기지 못할 때면 마음속에서 '우리 같이 놀자!!'라는 마음속의 울림이 먼저 들려오는 일도 많습니다. 그렇게 함으로써 현실에 지친 저에게 상상속의 놀이를 통해 휴식을 할 수 있고 다시 해야 할 일로 돌아갈 수 있게 하는 힘을 주는 것입니다.

그래서 우니히필리를 만나는 것보다 만난 이후의 돌봐주는 과정이 훨씬 더 중요하다는 것을 명심해야 합니다.

컴퓨터의 우니히필리 챈리

컴퓨터로 작업할 일이 많은 저는 꽤 오랜 시간을 컴퓨터 앞에서 보냅니다. 지금 쓰고 있는 컴퓨터는 중고로 마련한 것이었는데 분명 겉으로는 아무 문제 없이 잘 작동하고 있고 특별한 이상도 없었지만, 왠지 컴퓨터 자체에 먼지가 가득한 그런 느낌이 들어 컴퓨터의 우니히필리와 이야기가 필요하다는 생각이 들었습니다. 그래서 제 우니히필리를 불러 컴퓨터의 우니히필리를 불러달라는 부탁을 했습니다.

그렇게 만나게 된 컴퓨터의 우니히필리는 부스스한 먼지모양으로 생긴 동그란 공 모양이었고 자다 깬 듯한 모습으로 나타났습니다. 세상의 모든 귀찮음과 지겨움을 한 몸에 다 가지고 있는 듯한 그런 느낌을 주는 우니히필리였습니다.

"안녕? 만나서 반가워"
"……."

반가움의 인사를 건넸지만 그 것 조차 귀찮다는 듯이 처음에는 아무 말도 없다가 조금 기다림의 시간이 지나자 그제야 귀찮다는 듯이 한마디 말을 하는 게 느껴졌습니다.

"왜 나를 부른 거지?"

아주 나른하고 느릿느릿한 목소리로 게으름을 잔뜩 안은 목소리였습니다. 저는 대답한 우니히필리에게 이름을 물어보았고, 또다시 기다림의 시간이 지난 뒤에 겨우 '헨리'라는 대답을 들을 수 있었습니다. 저에게 오기 전 헨리가 어떤 일을 했기에 이토록 지쳐 보였는지 궁금했기에 무슨 일들을 주로 했었느냐고 물어보았습니다.

그러자 30대의 한 남자가 헨리를 가지고 열심히 무언가 일을 하는 모습이 보였고, 그만큼 공을 들여 자기도 같이 열심히 했지만 주인은 헨리를 아껴주지는 않았던 것 같았습니다. 일한 만큼에 비해 인정을 받지 못하게 되자 헨리는 결국 일에 대한 흥미를 잃었고, 그러다 보니 처음에 비해 컴퓨터의 오류나 고장도 많이 생기게 되어 중고 컴퓨터로 팔리게 되었다고 했습니다.

그제야 고생만 잔뜩 했던 헨리가 왜 그렇게 힘이 없는 모습이었는지 왜 그렇게 지친 모습이었는지 이해가 되기 시작했습니다. 저는 그런 헨리에게 그동안 열심히 일해주어서 고맙다는 마음을 전해주며 이제 저와 함께하게 되었으니 일한 만큼의 인정을 해주겠다는 약속을 했습니다. 그리고 먼지투성이였던 헨리를 깨끗하게 목욕시켜주고 더 이상 지저분한 모습이 아닌 깔끔한 모습으로 예쁘게 단장시켜주었습니다. 자신의 변한 모습이 마음에 들었는지 한참을 이리저리 둘러보던 헨리는 더 이상 아까의 게으르고 귀찮아하던 모습과는 달리 활기차 보이고 의욕에 가득 찬 모습으로 달라졌습니다. 덕택에 저는 헨리와 거의 1년 넘게 지내면서 컴퓨터의 오류가 난다거나 문제가 생기는 일을 거의 겪지 않고 있습니다. 특히 전문적인 프로그램을 사용하다 보면 저장이 되지 않고 꺼진다거나 저절로 창이 닫히는 문제가 간혹 있다고 들었는데 그런 적이 없었던 걸 보면 헨리가 정말 애를 많이 써주고 있다는 걸 느끼고 있습니다.

가끔 느낌상 '조금 쉬어주면 좋겠다' 라는 생각이 들 때는 컴퓨터를 닫고 쉬게 해준 다음 헨리와 함께 정화를 하고 나면 금세 다시 쌩쌩한 모습으로 돌아오곤 합니다. 제가 쓸 수 있는 동안은 애정을 가지고 감사의 인사를 한다면 계속 저의 좋은 파트너가 되어줄 수 있다고 생각합니다.

그때까지 잘 부탁해.

길가의 나무 친구

제가 사는 아파트에는 여러 가지 조경수들이 줄지어 서 있었습니다. 새 아파트가 아니라 조금 오래전에 지어진 아파트여서 조경수들도 다들 십 년은 훌쩍 넘어 키도 크고 나뭇가지들도 여기저기로 뻗쳐서 덩치가 큰 나무들이 많이 있습니다. 그래서 가끔 인도 주변의 나무들은 봄이 와서 나뭇잎이 자랄 시기가 오면 금세 나뭇가지와 잎이 키가 작은 제 손에도 만져질 정도로 쑥쑥 자라있기도 합니다.

늘 나무들이 있는 아파트 인도 앞을 하루에도 한두 번씩은 왔다 갔다 하게 되는데 항상 보는 풍경과 항상 보는 나무에 신경을 그다지 쓰지 않고 다녔습니다. 크게 가지치기를 당한다거나 완전히 잘려 나가지 않는 이상 그 나무들은 같은 자리에 서 있는 그냥 풍경이었습니다. 그런 똑같은 풍경 사이를 걸어가며 어느 날 그냥 재미 삼아 제 손이 닿는 나뭇가지와 잎이 무성한 나무 밑을 지나가다 살짝 톡 치며 인사를 건넸습니다.

"안녕?"

첫인사부터 하이파이브를 건넸던 셈인데 그 뒤부터 그 나무 밑을 지나갈 때마다 그렇게 살짝 나뭇잎을 치며 인사를 했습니다. 일주일 정도 인사를 하고 나자 그 전에는 모두 똑같은 나무로만 보였던 나무였는데 제가 인사하는 나무만 조금 더 특별해 보이고 어떤 생김새를 가지고 있는지 눈에 들어오기 시작했습니다. 그리고서 어느 날은 제가 인사를 하는 것과 동시에 나무가 저에게도 인사를 건네는 것이 들렸습니다.

"늘 나에게 인사해줘서 고마워"

그렇게 서로 인사를 하고 난 그 이후부터 우리는 서로 친구가 될 수 있었습니다. 지나칠 때마다 저는 나무에게 오늘은 어디를 가려고 이 길을 나섰는지 일을 다 마치고 들어올 때는 오늘은 어떤 일이 있었는지를 나무 친구에게 이야기를 해주었고, 나무 역시 저에게 자신이 여기 있으면서 있었던 여러 가지 일들을 나에게도 들려주기 시작했습니다.

인간인 제가 보는 관점과 나무가 보는 세상은 비슷하면서도 다른 점이 많아서 서로 간의 이야기를 듣는 것은 재미난 일이었습니다. 한여름의 태양 빛을 받으며 사람은 덥다고 느끼지만 나무는 그 태양 빛으로 열심히 광합성을 하고 꽃을 피우고 꿀벌을 맞이해 열매를 맺을 준비를 합니다. 바람의 흔들림을 즐기고 비가 내리면 시원하다는 것도 알려주었습니다.

어느 날 외출을 마치고 집으로 돌아오는 길에 아까와 풍경이 조금 달라진 것을 느낀 저는 주변의 나무들을 둘러보게 되었습니다. 손이 닿을 만큼 길게 늘여졌던 나무들이 통행에 방해가 되었는지 그렇게 삐져나온 가지들을 모두 잘라버렸던 것입니다. 저는 너무나도 속상한 마음에 금세 나무에게 다가가 잘려나간 가지에 대해 걱정을 했습니다.

"이제야 너의 잘린 가지를 봤어. 아프진 않았어?"
"잘린 가지는 괜찮아. 오히려 시원해"

다행히 나무는 가지가 잘려도 아픔보다 시원함을 더 느낀다며 저를 안심시켰고, 이제는 나뭇잎에 손이 닿지 않아 하이파이브 인사를 하지 못하는 것은 조금 안타까웠지만 잘린 가지 때문에 아프지 않는다는 것에 다행이라는 생각을 했습니다. 그동안 저는 길가의 가로수나 조경수들이 가지치기를 할 때마다 괜히 마음이 아팠었는데 그러지 않아도 된다는 안도감도 동시에 느낄 수 있었습니다.

제가 인사를 나누고 친구가 된 나무는 다름 아닌 대추나무입니다. 올해 가을에 그 나무에 열릴 대추들은 제게는 아마도 더 뜻깊은 열매가 될 것 같습니다.

원석의 우니히필리 이야기

　우리가 살고 잇는 지구는 참으로 신기하고 신비합니다. 길가에 흔히 보이는 돌멩이 하나도 허투루 만들어진 것이 아니기 때문입니다. 별것 아닌 것 같아 보이는 돌멩이 하나가 만들어지려면 처음에는 그저 흙이나 모래였던 부스러기들이 땅속 깊이 들어가 열과 압력을 받으며 인고의 시간을 보낸 후에 그것들이 뭉쳐져서 단단한 암석으로 변하는 과정을 겪어내야 됩니다. 그래서 세상의 모든 돌들은 다들 힘든 시간을 견뎌냈다는 증거이기도 합니다.

　그렇게 뭉쳐진 암석들은 대개는 평범한 색이지만 가끔 높은 압력이나 재료의 영향으로 인해 조금 더 특별한 모습으로 변하는 것들이 있습니다. 그런 특별한 것들을 우리는 보석이라고 부릅니다. 보석 중에서도 가격이 비싼 다이아몬드나 금 이외에 구하기 쉬워 저렴한 원석이라고 불리는 암석 역시 가격의 차이만 있을 뿐, 보석이 주는 반짝거리는 느낌을 그대로 가지고 있는 광물입니다.

　반짝거리는 원석을 보고 있으면 저절로 기분이 좋아지는 것을 느낄 수가 있는데 그런 느낌 때문에 예로부터 사람들의 사랑을 많이 받았습니다. 그리고 지금도 여러 가지 가공품으로 많이 팔리고 있고 시중에서 쉽게 볼 수 있습니다. 원석이 좋은 이유는 반짝거려서 예쁘다는 것 이외에 압축되어 있으므로 '특정 에너지가 그곳에 모여

있다'라는 점입니다. 그래서 제가 생각하는 소원을 원석에게 빌어서 그 소원이 이루어지도록 도와주기도 하며 원석 고유의 우니히필리와 이야기를 하기도 일반 사물에 비해 쉽다는 장점이 있습니다.

많은 우니히필리가 좋아하는 물건 중에 원석이 많은 것도 바로 그런 이유라고 생각합니다. 마음에 드는 원석이 보인다면 바로 내 우니히필리가 그것을 사고 싶어 하거나 원석의 우니히필리가 나와 소통을 하고 싶어 한다는 의미일 수도 있습니다. 제가 가지고 있는 원석들 중에도 저에게 말을 걸고 있는 원석들이 있습니다. 특별한 이유 없이 말을 걸기도 하고 저에게 바라는 것들이 있어서 말을 거는 등 여러 가지로 이야기들을 들려주고 있습니다.

'나는 햇빛이 좀 받고 싶어'
'나를 좀 더 이용해줘'
'내가 너에게 도움이 될 수 있을 거야'

이상하게 말을 걸어오는 원석들은 말을 걸지 않는 원석보다 조금 더 눈이 가고 손길이 갑니다. 당연한 이야기겠지만, 그래서 원하는 대로 햇빛을 받게 해주기도 하고 외출할 일이 있을 때는 같이 나가기도 합니다. 가지고 있던 원석이 깨지거나 잃어버리게 될 때는 저에게 올 불행한 일을 원석이 막아주어서 그런 것이라는 이야기를 들은 적이 있습니다.

실제로 들고 다니던 원석 중에 부주의로 바닥으로 떨어져서 깨져 버린 경우가 있었는데, 크게 높은 곳에서 떨어진 것도 아니었기에 깨져버린 것이 의아하다 싶었습니다. 그 날 저는 계단을 내려가다 뒤에서 누군가 밀어서 앞으로 넘어질 뻔했지만 다행히 가장자리로 가고 있어서 난간을 꼭 잡고 넘어지지 않고 버틸 수 있었습니다. 아마 깨진 원석이 제가 넘어질 일을 미리 예상하고 크게 다치지 말라고 자신이 그 불행을 안고 갔던 것 같습니다.

그렇게 깨진 원석은 그동안의 고마움을 표시하고 땅에 묻어주거나 강이나 호수같이 큰물이 흐르는 곳에 놔두는 것이 좋다고 하는데 그 뜻은 다시 자연으로 돌려보내 준다는 것이라고 합니다. 자연에서 왔으니 다시 자연으로 돌아가는 그 순환의 과정이 좋아서 저는 꼭 깨진 원석은 그렇게 돌려보내 주고 있습니다.

여러모로 쓰임새도 많고 보기에도 예쁜 원석이 눈에 띈다면 한번 사보는 것도 추천합니다.

어느 날 그 원석이 당신에게 이야기를 걸지도 모릅니다.

다른 사람의 우니히필리와 이야기한다는 것

나는 나에 대해서 얼마나 잘 알고 있을까요?

저의 우니히필리를 만나서 이야기하다 보면 제가 모르던 저의 모습을 발견할 수 있어서 놀랄 일들이 많이 일어납니다. 그만큼 저 자신도 저에 대해 아직까지 모르는 부분들이 있습니다. 하물며 내가 아닌 타인에 대해서는 어떨까요? 겉으로 보이는 상대방의 모습말고 그 아래 숨겨진 알 수 없는 모습을 보기란 쉽지 않은 일입니다.

그럴 때 그 사람의 우니히필리와 이야기를 해본다면 어떨까요?

우니히필리와 대화하는 것은 숨겨진 모습을 바라본다는 것과도 같습니다. 겉으로 표현하지 못했던 모습을 우니히필리를 통해 알아볼 수 있다면 그 사람을 더 잘 이해하는 데 도움이 될 수 있습니다. 겉으로는 사이가 좋아 보여도 둘의 우니히필리끼리 사이가 좋지 않다면 그 둘은 앞으로 사이가 더 이상 진전되지 않을 가능성이 큽니다. 반대로 겉으로 둘의 사이가 미적지근하더라 해도 우니히필리의 사이가 좋다면 계속 좋은 관계로 지낼 수 있다는 확률이 크다고 볼 수 있습니다.

다른 사람의 우니히필리를 알고 소통한다는 것은 단순한 관계를 넘어선 나는 그 사람에 대해 더 많은 것을 이해하고 싶다는 관심의 표현이기도 합니다. 나조차도 나에 대해 크게 관심 가져 준 적이 많이 없었는데 나 아닌 상대방이 나에 대해 그렇게 많은 관심을 가지고 지켜봐준다면 그 것은 더할 나위 없는 애정 표시가 될 수 있습니다. 그리고 혹시 사이가 서먹해져 버렸다던가 서로 간의 오해가 생겨 말을 걸기가 조금 힘들어졌을 때도 상대방 우니히필리를 만날 수 있습니다.

직접 상대방에게 말을 건네거나 사과를 하기에는 쑥스럽고 괜히 자존심 때문에 하기 힘들지만, 상대방의 우니히필리를 만나서는 솔직하게 자신의 입장을 이야기하고 상대방 우니히필리의 이야기도 들어볼 수 있습니다. 그렇게 우니히필리간에 먼저 화해가 이루어진다면 실제로 서로 간에도 화해가 이루어지기 쉽습니다.

누군가와 사이가 조금 안 좋아진 사람이 있다면 먼저 그 사람의 우니히필리를 찾아가 화해를 하고 싶다고 해보세요. 미안하다고 손 내민 나의 마음을 금방 받아 주는 상대방의 우니히필리를 만날 수 있습니다.

관심 없는 것이 좋아진다면

습관이 바뀌면 인생이 달라진다는 이야기가 있듯이 자신이 가지고 있는 성격이나 표현하는 방법 그리고 좋아하는 것들 역시 크게 바뀌지 않는 경우가 대부분입니다. 좋아하는 것의 기복이 있을지언정 좋아하는 것이 갑자기 싫어진다거나 싫어하는 것이 갑자기 좋아지는 것은 보기 드문 일입니다. 그런데 평소에 전혀 관심 없던 것들이 흥미로워지고 좋아진다면 그것은 내 우니히필리가 그것을 좋아하기 때문일 수도 있습니다.

저는 평소에 재즈 음악을 좋아하며 즐겨 듣는데 가끔 잘 듣지 않던 발라드 음악이 듣고 싶어질 때가 있습니다. 그럴 때 가만히 제 우니히필리인 앤을 불러봅니다.

"앤, 오늘 고른 선곡은 발라드니?"

그러면 그 질문을 기다렸다는 듯이 앤이 힘차게 고개를 끄덕이며 '맞다'라는 대답을 보내줍니다. 그리고 우리는 그 날 잔잔한 발라드 음악을 들으며 함께 즐기는 시간을 보냅니다. 혹은 아무 이유도 없이 예전에 알던 노래가 머릿속에 자동 재생되며 흥얼거려지는 때를 한번은 경험해봤을 거라고 생각합니다. 그 노래가 떠올려질 상황도 아닌데 말입니다. 그렇게 이유 없이 떠올려지는 노래 또한 나의 우니히필리가 보내는 신호입니다. 노래로 메시지를 전달하는 경우입니다. 특히 반복적인 후렴이 있거나 노래 중 특정 부분만 유독 생각난다면 왜 그 노래가 지금 들리고 있는지 우니히필리에게 꼭 물어보고 이유를 들어보세요. 정말 생각지도 못했던 이유로 그 노래를 들려주는 것일 수도 있습니다.

비슷한 일로 카페에 갈 때면 저는 늘 아메리카노를 즐겨 마십니다. 더운 여름날에도 저는 한결같이 따뜻한 아메리카노를 주문하곤 합니다. 그런데 간혹 메뉴판 앞에 서서 아메리카노를 주문하기 전에 "코코아!!!"를 외치는 마음의 소리가 들리기도 합니다. 바로 코코아를 좋아하는 내 우니히필리가 나에게 말하는 메세지입니다. 그럴 때마다 우리는 서로 간 협상을 통해 코코아를 먹을지 아메리카노를 먹을지에 대해 의논을 하고 메뉴를 정합니다. 코코아 대신 조각케잌으로 합의를 볼 때도 있습니다.

이때 중요한 것은 어떤 음악을 골랐는지 어떤 메뉴인지가 아닌 관심 없던 것에 나의 눈길이 가는 것을 놓치지 않는 것에 있습니다. 그것은 바로 내 우니히필리가 나에게 보내는 신호이기 때문입니다. 우리는 하고 싶은 것이 있어도 꾹 참는 것에 익숙해져 있는 경우가 많습니다. 그래서 이렇게 평소에 하지 않던 충동이 일어나더라도 '에이~ 별거 아닐 거야'하고 지나쳐 버리고 그 일에 대해서는 잊어버리기 일쑤입니다. 그리고 나의 우니히필리는 애써 관심을 표시했지만 무시당한 것에 상처받고 더욱더 안으로 꽁꽁 숨어버립니다. 마치 어린아이가 엄마의 치맛자락을 붙잡으며 가지고 싶은 장난감을 가리키는 것처럼 내 우니히필리도 나의 치맛자락을 슬며시 잡아당기는 것 같습니다.

　엄마들이 아이에게 늘 장난감을 사주지는 않지만 그것을 가지고 싶어 하는 아이의 마음을 알아주고 이것을 지금 왜 사면 안 되는 건지, 언제 사줄 수 있는지에 대해 이야기하듯이 우니히필리에게도 그런 이유들에 대해 이야기하고 충분히 이해시킨다면 꼭 그 물건을 가지지 않아도 괜찮습니다. 이미 이야기하는 과정에서 우니히필리는 만족하고 수긍하는 경우가 많습니다. 하지만 가끔은 그런 것도 통하지 않을 때라면 그럴 때는 내 우니히필리가 원하는 것을 하는 것이 가장 좋은 방법이 됩니다.

혜심

내가 모르는 나의 기억들

우니히필리와 함께 정화를 하다 보면 어떠한 이미지나 이야기를 보여줄 때가 있습니다. 그 이미지들은 내가 정화하는 것들과 관련이 되기도 하고 어떨 때는 전혀 다른 뜬금없는 것이 나올 때도 있습니다. 어떤 것들이 나오건 간에 그것들은 아주 중요한 메시지를 전하고 있는 중이랍니다. 그렇게 알게 되는 정보들은 마치 내가 몰랐던 보물 상자를 열어 그 안에서 필요한 보물을 꺼내 쓰는 과정과도 비슷합니다.

우연히 저의 어릴 적 사진을 보다가 우니히필리와 이 사진에 대한 저의 기억에 대해 정화를 해야 되겠다는 생각에 우니히필리에게 사진에 대한 기억을 정화해달라는 부탁했습니다. 다 되었다는 대답을 기다리고 있었는데 뜬금없이 '엄마 미워!'라는 생각과 함께 짜증과 서러움의 느낌이 들었습니다.

도대체 그 사진과 엄마와의 상관관계는 무엇이었을까요?

일단은 엄마를 미워하는 느낌이었던 그 기분도 함께 우니히필리에게 정화를 하자고 한 뒤, 아직 그 감정에 휩싸여 있는 제 우니히필리를 토닥거리고 달래주었습니다. 조금 후에 진정이 된 우니히필리에게 아까의 기억에 대해 물어보자 그 사진을 찍을 당시 자꾸 가만히 있으라고 엄마가 이야기해서 사진 찍는 과정이 너무 힘들었다고 말해주었습니다. 저는 그것을 전혀 기억하지 못하고 있었는데 우니히필리는 고스란히 그것을 기억하고 있었고, 사진을 보자마자 정화가 필요하다는 것 또한 알고 있었던 것입니다.

    태어나면서부터 우리는 기억을 안고 살아가고 있습니다. 지금 또한 마찬가지입니다. 내가 아는 그리고 내가 기억하지 못한 그 모든 것들을 우니히필리라는 창고에 저장해두고 있고 우리는 그 기억들에 속박되어 살아가고 있습니다. 심지어 나의 기억뿐만이 아닌 나의 조상의 기억도 내 우니히필리는 간직하고 있습니다. 그리고 내 우니히필리만이 그 기억들에서 나를 해방시켜줄 수 있고 해방을 선택할 수 있는 것은 바로 나 자신밖에 없습니다.

    나의 우니히필리가 그 많은 기억을 혼자 끌어안고 버티고 있는 것을 도와줄 수 있는 것도 나 자신입니다. 오늘 나의 우니히필리는 어떤 기억을 나에게 보여주고 도움을 요청하고 있는지 잘 들어보세요. 내가 생각지 못하고 있던 많은 기억들을 영화처럼 나에게 보여주고 같이 정화를 할 기회를 가질 수도 있습니다.

우니히필리를 위한다면 나를 아껴주세요.

    호오포노포노를 알게 되고 내 우니히필리를 만나게 되어도 그리고 이 이후에는 어떻게 친해져야 하는지에 대해 궁금해합니다. 친해져야 한다고는 하는데 그렇게 하고 싶어도 바로 눈에 보이는 형태도 아니고 '누군가 당신의 우니히필리와 이만큼 친해졌습니다'라고 객관적인 답을 내려줄 사람도 없습니다. 그래서 제가 가장 먼저 시도했던 방법은 '나를 아껴주기'였습니다.

    그동안 저는 저 자신을 너무 방치해놓고 있었습니다. 화장도 잘 하지 않고 옷도 같은 옷만 입었습니다. 나갈 약속도 만날 사람도 없던 삶을 살고 있었기에 무기력하고 그냥 숨만 쉬고 있는 듯한 느낌이었습니다. 화장품 가게에서 우니히필리가 추천해주는 잘 어울릴 만한 색들로 화장품을 사고 예쁜 원피스도 샀습니다. 제가 좋아하는 것이 어떤 것이었는지도 가물가물했었는데 점점 저의 취향이 보이기 시작했습니다. 혼자 하는 쇼핑이 아닌 우니히필리와 함께하는 쇼핑은 저에게 꼭 맞는 맞춤 도우미가 따라다니는 것 같아 참 즐거운 일이었습니다.

    이렇게 자신을 꾸미고 치장하는 일은 가장 기본적으로 나를 아끼는 일입니다. 그렇다고 사치를 부리라는 것이 아닙니다. 그동안 전혀 신경 쓰고 있지 않은 자신을 돌볼 수 있는 가장 효과적이고 즉각적으로 할 수 있는 일이 바로 자신을 꾸미는 일입니다. 나를 위한 선물이라는 말이 있듯이 나를 위한 선물은 꼭 필요하지만 주의할 점은 내가 사고 싶은 것들을 선물이라는 핑계를 대고 마구 사들일 수도 있다는 점입니다. 그런 식으로 겉으로만 보이는 당장 사고 싶은 것들은 그 것을 사는 순간 또 다른 물건으로 눈길을 돌리게 만들고 내 마음의 공허함을 달래주지는 못합니다. 왜냐하면 진정으로 내가 원하는 것이 아니라 그 마음의 허전함을 채우기 위해 감정적으로 사게 되는 것이기 때문입니다. 무언가를 사고 싶을 때 잠시 그 마음을 누르고 내 우니히필리를 불러 물어보고 정화를 부탁해봅니다.

"저 물건을 사고 싶은 내 마음을 정화해주겠니?"

보통의 경우 정화가 끝나고 나면 정말 필요한 물건이 아닐 경우 물건을 사야겠다는 생각이 없어지게 됩니다. 불필요한 낭비를 줄일 수도 있고 우니히필리의 도움을 받아 정화할 수 있는 일석이조의 효과를 가져오게 됩니다.

정말 나의 우니히필리를 아껴주고 싶다면, 우니히필리의 의사를 물어보고 필요한 도움이 무엇인지부터 먼저 알아주세요.

날씨를 알려주는 우니히필리

"오늘은 비가 올 거야. 우산을 챙겨가~"

우니히필리와 친해져서 소통이 가능해진다면 외출하기 전에 가끔 이런 이야기를 들을 수 있습니다. 그리고 우산을 챙긴 저는 그 날 내리는 비에도 걱정 없이 우산을 쓸 수 있습니다. 이런 일이 가능해지는 것은 우니히필리의 미래예측 덕택입니다. 우니히필리는 모든 정보를 다 가지고 있는 슈퍼컴퓨터와도 같습니다. 기상청에서 슈퍼컴퓨터를 이용해 날씨를 예보하듯이 우니히필리도 오늘의 날씨와 예전 기상 상태를 비교하여 오늘 비가 내릴지, 아닐지에 대한 예측을 해줍니다.

만약 내 우니히필리가 비 내리는 날씨를 좋아한다면 그 예고 확률은 더 높아질 수도 있습니다. 자신이 좋아하는 날씨는 정말 눈치 빠르게 잘 아는 것이 우니히필리이기 때문입니다. 그래서 미리미리 우산을 준비하고 비 내리는 것을 대비하게 만듭니다. 그리고 그 정보를 알려준 우니히필리에게 감사의 인사를 하고 그 정보와 관련되어 있는 나의 기억을 정화할 수 있는 것 또한 같이할 수 있는 일이 됩니다.

하기 싫은 일을 해야 할 때

누구나 하기 싫은 일을 억지로 해야 할 때가 있습니다. 특히 월요일 아침과 같은 때 말입니다. 하기 싫은 일을 재미나게 할 수 있는 방법은 없을까요?

가능합니다. 내 우니히필리와 상의를 한다면요.

내가 하기 싫은 일은 나의 우니히필리가 싫어하는 일이라는 뜻과도 같습니다. 내가 하고 싶고 즐거운 일이라면 내 우니히필리 역시 좋아하는 일이라 열심히 하게 되겠지만 싫어하는 일이라면 아무리 억지로 끌고 하려 해도 일의 진행이 쉽지 않습니다. 그럴 때 저는 제 우니히필리를 불러 모아 싫은 일을 하고 난 뒤의 보상을 약속합니다. 억지로 싫은 일을 하기 싫은 것은 누구나 마찬가지니까요.

"오늘 해야 할 일을 다 마치고 나면 네가 좋아 싶어 하는 코코아를 같이 먹자"

물론 코코아 정도로는 부족할 때도 많습니다. 그럴 때는 코코아에 조각케잌을 하나 더 곁들여 봅니다. 어떤 것을 선택하고 고를지는 나와 우니히필리에게 달려있습니다. 정답은 없습니다. 그때 그때 내 마음에 드는 내 우니히필리의 마음에 드는 것을 골라 그 일을 해내고자 하는 의지를 보여주면 됩니다.

    오늘 제 우니히필리가 고른 간식은 라면입니다. 하지만 집에 라면이 없기 때문에 아마 저는 편의점까지 가서 라면을 사와야겠지만 하기 싫고 힘든 일을 끝내고 먹을 수 있는 라면의 맛은 꿀맛일 겁니다. 누구나 알고 있는 쉬운 방법이라 생각할 수도 있습니다. 하지만 이 방법을 실제로 사용해본다면 쉬워 보이는 것처럼 막상 잘 되지 않을 겁니다. 왜냐하면 아무리 좋은 보상을 제공한다고 해도 그 보상은 미래의 약속이고 지금 당장 내 눈앞에 있는 것이 아니기 때문입니다.

    게다가 이런 식의 협상을 여러 번 진행해서 내가 내 우니히필리에게 약속을 지켰다는 것이 증명되면 우니히필리도 그것을 믿고 따라 주겠지만 처음부터 약속만을 믿고 지켜지기란 쉽지 않습니다. 그래서 이 방법은 차근차근 작은 것부터 지켜나가는 것이 가장 중요합니다.

    내가 약속을 지킬 수 있다는 것을 우니히필리에게 학습 시키는 것이 먼저입니다. 그리고 나면 나중에는 작은 보상으로도 우니히필리에게 부탁을 할 수 있게 되고 나는 내가 하기 싫은 일도 우니히필리의 도움을 받아 금방 끝낼 수 있게 됩니다. 지금 하기 싫은 일을 해야 하는 중이라면, 혹은 할 계획을 세우고 있는 중이라면 잠시 그 일을 내려놓고 눈을 감은 뒤 내 우니히필리를 불러 물어보세요.

"너는 나중에 어떤 보상을 받고 싶니?"

아마 마음속으로 격렬하게 우니히필리의 여러 가지 요구들이 들려올 것입니다. 그렇게 말해주기를 기다렸을 테니까요.

고통받는 우니히필리들

우니히필리 리딩을 하며 가장 안타까웠던 일 중의 하나는 고통받는 우니히필리들을 보는 것이었습니다. 특이한 것은 물건이나 동물, 식물에 비해 사람의 우니히필리일수록 더욱 힘들고 고통받고 있다는 점이었습니다.

물건은 물건 그 자체로써 자신의 쓰임새를 알고 수명이 다한 것을 받아들입니다. 동물이나 식물도 생명을 가지고 있지만 자신이 가진 운명을 받아들이고 그에 적응하는 것을 알고 있습니다. 하지만 사람만이 내가 가진 환경이나 하지 못했던 것, 하고 싶은 것에 대한 욕심이 많아서 그런 건지 자신의 우니히필리를 괴롭히고 힘들게 하고 있습니다. 우니히필리 리딩으로 자신의 우니히필리를 알게 된 사람들조차도 부정적인 이야기를 할 때가 많습니다.

"정말 제 우니히필리가 맞나요?"
"제 우니히필리가 하는 말을 하나도 못 알아듣겠어요"
"저는 아무 쓸모도 없는 사람이에요"

이런 말들은 이제 자신을 돌봐줄 것이라는 희망을 가지고 만남을 가졌던 나의 우니히필리를 더욱 힘 빠지게 하고 고통스럽게 만드는 말들이 됩니다. 그리고 왜 이런 말을 듣는지에 대한 원인을 우니히필리 자신에게 있다고 생각하고 또다시 그에 관한 기억들을 찾아 혼자 해결하려 노력하게 됩니다.

   생각해보세요. 나는 열심히 최선을 다해서 노력하고 있는데 누군가 옆에서 툭 하고 건넨 부정적인 말을 듣는다면 그때의 나의 기분은 어떨까요? 그냥 웃어넘기는 대범한 사람도 있겠지만, 보통의 사람들은 그 말 한마디에 열심히 하고 싶은 생각도 사라지고 의욕을 잃게 됩니다.

   내 우니히필리도 마찬가지입니다. 게다가 내 우니히필리는 다른 사람이 무슨 말을 한들 나만 내 편이 되어주면 되는데, 나 또한 내 우니히필리에게 부정적인 말을 하는 것은 같은 팀끼리 싸우게 되는 일만 생기게 만드는 것과 같습니다. 말 한마디로 내 편을 등 돌리게 만들지 마세요. 무엇이든 나에게 잘했다 칭찬해주며 무엇이든 할 수 있다는 말을 해주세요. 세상에서 가장 소중한 존재는 나이고 그런 나를 알아주는 것도 나 자신입니다. 더 이상 그들을 고통 속에 있게 하지 말고 따스하게 감싸주세요.

커피포트가 알려주는 삶의 지혜

글을 쓰는 일을 직업으로 삼게 되면서 가장 자주 만나게 되는 것은 아마도 커피가 아닌가 싶습니다. 특히 조용한 새벽 시간에 저 혼자만의 시간을 즐기며 글을 쓸 때는 커피라는 친구가 꼭 필요하기에 하루에 꼭 한 번 이상은 커피포트를 이용해서 커피를 마시곤 했습니다. 항상 사용하는 물건일수록 애착이 가고 정이 가는 것은 당연한 일이라 커피포트에게도 고마운 마음을 담아 잘 마시겠다고 인사를 건네봤습니다. 저와 가까이 있었던 물건이었던 탓인지 의외로 제 인사를 금방 받아주며 반가움을 표시하는 게 느껴졌습니다.

'내가 만든 커피가 세상에서 가장 맛있을 거야!'

자신감에 가득 차서 웃는 느낌을 가득 띄운 채 말을 거는 커피포트를 보니 개구쟁이 같은 어린아이를 보는 것 같아 저까지 슬며시 웃음이 났습니다. 그동안 칭찬받고 싶어서 많이 애썼구나 싶은 마음도 보였습니다.

"나도 네가 만들어주는 커피가 제일 좋아. 필요한 거나 정화를 부탁할 것이 있으면 나에게 이야기해줄래?"

'커피 찌꺼기는 그 때마다 미리 치워주면 좋겠고, 나에게 먼지가

쌓이는 것은 싫지만 매일 닦는 것도 귀찮고 힘들 테니 적당히 며칠에 한 번씩 그냥 닦아줘'

그러고 보니 가끔 커피를 내려 마시고 커피 찌꺼기는 바로 치우지 않고 놔뒀다가 나중에 치워주는 일이 몇 번 있었습니다. 그걸 기억하고서 마음에 들지 않았던 모양이에요. 요구하는 것이 힘든 일이 아니라 다 제가 들어줄 수 있는 것들이라 그러겠다고 대답하고서 일하는 것은 힘들지 않냐고 물어보았습니다.

'그 전에 나는 커피포트였지만 계속 쉬기만 했어. 한구석에 자리만 차지하고 앉아서 아무도 나를 써주지 않았지. 그렇지만 지금은 내가 할 일을 찾아서 일이 하나도 힘들지 않아. 오히려 일이 있는 지금이 더 행복해'

일하는 것이 행복하다는 커피포트의 대답에 사람들이 하기 싫은 일도 억지로 일해서 돈을 벌어야 하는 것과는 다르게 물건은 자신의 주어진 사명에 대해 최선을 다하는구나 싶은 생각이 들었습니다. 그런 목적으로 만들어졌고 늘 같은 일만 할 수 있지만 그 목적의 일을 하지 않으면 만들어진 가치를 제대로 할 수 없다는 생각은 지금까지 해이하게 살고 있던 저에게 아주 큰 깨달음을 주었습니다.

작은 사물 하나 조차 자신이 해야 할 일을 하려고 노력하는데 사람인 저는 지금까지 얼마나 시간을 낭비하고 살았는지에 대해 반성하게 되었습니다. 커피포트와의 짧은 대화에서 제가 앞으로 어떻게 살아가면 될지를 찾았고 이 커피포트를 사용할 때마다 아마 계속 그것을 떠올리며 저도 커피포트처럼 제가 하는 일에 저의 삶에 최선을 다해볼 것을 다짐했습니다.

그리고 제가 일을 하는 동안 커피포트도 저와 함께 커피를 만들어내는 일을 하게 되겠죠. 혼자가 아닌 둘이라서 든든한 지원군이 저를 도와주는 것 같아 앞으로 더욱 힘낼 수 있을 것 같은 느낌을 받았습니다. 커피포트가 저에게 요구한 대로 커피 찌꺼기는 잘 치워주고 먼지도 쌓이지 않게 관리를 좀 더 열심히 해줘야겠습니다.

그래야 앞으로 계속 오래오래 함께할 수 있을 테니까요.

별이야, 이제 사이좋게 지내지 않을래?

    집 주변의 치킨을 파는 가게의 한 귀퉁이에는 그 가게에서 살고 있는 고양이 자리가 있습니다. 노란색의 털을 가진 예쁜 고양이 별이는 늘 자기 자리에 눕거나 앉아서 지나가는 사람들 구경을 하곤 합니다. 별이와 친해지고 싶어서 보일 때마다 간식을 주기도 하고 반갑게 인사를 걸면서 한번 쓰다듬어보려 했지만 도도하기만 한 별이는 가게 주인 외에는 절대 자신을 만지는 걸 허락해주지 않았습니다.

    애가 탔던 저는 결국 별이의 우니히필리를 리딩해보기로 마음을 먹었습니다. 과연 별이의 우니히필리는 어떤 말을 저에게 해줄까요? 그렇게 만나게 된 우니히필리의 모습은 반짝반짝 빛나는 왕관의 모습을 가지고 있었습니다. 그 당당한 모습에 저는 조심스레 이름을 물어보았습니다.

    '최고'

    정말 자신 있는 목소리로 그 당당한 모습과도 너무나도 잘 어울리는 '최고'라는 이름을 알게 되었습니다. 화려한 반짝이로 장식되어 있는 최고는 별이의 머리 위에 올리면 딱 알맞을 정도의 크기였고 평소에 별이와 최고는 자신들이 왕이라는 생각으로 세상을 살고 있다고 했습니다.

그러다 보니 주인이 아닌 다른 사람들이 자신을 만지는 건 아주 불쾌한 일이었고 그래서 잠시의 만짐도 허용하지 않고 늘 그 자리를 피했던 것입니다. 저는 별이와 친해지고 싶은데 어떻게 하면 좋을지에 대해 물어보자 만지려 하지 말고 그저 지켜봐 주는 것이 친해지는 방법이라고 말했습니다. 그렇지만 가끔 주는 간식은 맛있었다고 그건 고마웠다고 말하는 센스를 가지고 있는 모습이 예의 바르기도 했습니다.

최고에게 요즘 고민이 있으면 그에 대해 정화해주겠다고 말했습니다. 그러자 '그런 것도 할 줄 알아?'하고 되묻는 것이 느껴졌습니다. 지금까지 자신을 찾아온 사람도 없었지만 그런 것을 알려주는 사람도 없었기에 신기했나 봅니다. 간단히 정화를 하는 방법에 대해 알려주고 별이가 가지고 있는 정화해야 할 기억들을 모아 최고와 함께 간단히 정화를 진행했습니다.

별이는 요즘 종종 만나는 고동색 고양이와 조금 트러블이 있었던 듯 정화를 하면서 그 고양이의 모습이 언뜻 보였습니다. 자꾸 그 덩치 큰 고양이가 찾아와 밥도 빼앗아 먹고 별이의 자리도 차지하고 있어서 별이는 아래로 쫓겨나 앉아있었던 게 보였는데 아마 그게 스트레스 요인이되었나봅니다. 처음으로 정화를 가르쳐주고 그것을 마치자마자 최고는 후련하다는 느낌과 함께 앞으로도 도와달라는 뜻을 저에게 전해왔습니다.

  앞으로도 종종 정화라는 것을 했으면 좋겠지만 별이가 혼자서는 할 수 없었기에 저에게 도움을 청하는 것처럼 보였습니다. 그래서 저는 별이가 저와 앞으로 친하게 지낼 수 있다면 저도 계속 최고와 함께 정화를 도와주겠다는 약속을 했고 이제 어떻게 사이가 발전해 나갈지를 기대하고 있는 중입니다. 별이를 처음으로 만져보게 된다면 최고가 했던 약속이 제대로 지켜지고 있다는 뜻일 것이고 우니히필리 리딩만으로도 동물과 사이가 좋아지게 될 수도 있다는 것이기도 할 테니 그야말로 우니히필리와의 만남은 어디에나 적용 가능한 만능이라고 말할 수 있습니다.

미래도 정화할 수 있나요?

호오포노포노에서는 모든 것이 다 정화의 대상이라고 합니다. 정화를 하는 이유는 지금 우리가 체험하고 있는 전부가 과거의 기억들이 가져온 결과물이라 여기고 있기 때문에 원인이 되는 기억에게서 자유로워지면 다가올 미래도 과거의 기억에서 파생된 결과가 아닌 새로운 기회가 되기 때문입니다. 그래서 우리가 '불편하기 때문에 정화를 해야'라고 했던 것과는 달리 전혀 불편하지 않은 모든 것들, 특히 행복한 기억이나 미래 등과 같이 왜 정화를 해야 할지 언뜻 이해가 가지 않는 것들도 정화의 대상이 될 수 있습니다.

정화하는 대상은 특정 무엇이 될 수도 있지만 그렇지 않아도 괜찮습니다. 그저 내가 정화해야 되겠다는 마음만 먹어도 충분히 가능합니다. 다만 내 우니히필리의 조력과 승인이 필요합니다.

나의 미래를 정화한다고 해서 거창한 것은 아닙니다. 그저 우니히필리에게 나의 미래에 대해 정화해줄래? 라고 물어보는 것으로 시작하면 됩니다. 만약 싫다는 반응이 나오면 나중에 다시 시도해보아도 괜찮고 혹은 지금 생각하는 미래가 아닌 수많은 다른 미래 중 하나를 골라 정화하자는 이야기를 해보아도 괜찮습니다. 우니히필리가 '싫다'라고 말하는 데에는 분명 이유가 있을 테니 억지로 권유하는 것보다는 다른 의견을 제시하거나 그 이유에 대해 물어보고 왜 그런지를 알아낸 뒤 해결 방안을 같이 찾아보는 것도 좋습니다.

　어떤 방법이든 간에 우니히필리가 동의를 한다면 괜찮습니다. 오늘 제가 우니히필리와 함께 했던 미래 정화에서 보여진 이미지는 제 우니히필리가 미래정화에 필요한 나의 기억들을 조그맣고 까만 동그란 공 모양으로 열심히 뭉친 다음 그것을 아마쿠아에게 보내는 이미지들이 그려졌습니다. 그 공은 작아 보였지만 아주 튼튼해 보였고 무겁게 느껴졌습니다. 그리고 언제인지는 모를 내가 곱게 나이 들어 있는 모습도 잠깐 스쳐 지나갔습니다. 만약 제가 나이 든다면 꼭 저렇게 변해야지 하고 생각했던 그 모습 그대로였습니다.

　지금 미래정화를 했다고 제 미래가 꼭 그렇게 변한다는 보장은 없습니다. 하지만 미래의 수많은 공간 중 하나를 정화했고 저 또한 긍정적인 피드백을 받았으니 그것만으로도 지금은 충분합니다. 남은 것은 정말 그런 모습의 제가 될 수 있도록 우니히필리와 같이 노력하는 것입니다.

먹는 것을 조절하고 싶은 당신에게

세상에서 가장 힘든 일은 다이어트라고 말할 수 있을 만큼 쉽게 먹을 것을 포기하고 운동을 선택하기란 절대 쉬운 일이 아닙니다. 그만큼 의지가 강해야 한다고 하는데 도대체 그 의지는 어디서 찾을 수 있는 걸까요?

'먹는다' 라는 행위는 오래전부터 인간을 비롯한 모든 생명들에게 가장 중요한 행위였습니다. 음식을 섭취해야 계속 삶을 이어나갈 수 있고 굶음은 죽음을 의미하는 것입니다. 특히 야생에서의 삶은 음식은 늘 있는 것이 아니고 운이 좋으면 겨우 구할 수 있었기에 먹을 수 있을 만큼 최대한 많이 먹고 최대한 많이 몸에 저장하는 길이 오래 살 수 있는 방법이었습니다.

지금은 삼시 세끼를 다 챙겨 먹어도 음식이 남아도는 풍족한 시대가 되었지만 이런 풍족한 시대가 된 것은 불과 몇백 년도 채 되지 않았습니다. 그래서 아직 우리의 DNA는 먹을 것이 있으면 일단 많이 먹고 내 몸에 저장하는 습관이 남아있게 된 것입니다. 예전에는 그 방법이 살아가는 데 수단이었지만 아이러니하게도 지금은 그것이 비만이라는 결과를 가져오게 되어 오히려 삶을 위협하는 요소로 자리 잡게 되었습니다. 더 재미난 일은 예전에는 풍성하고 넉넉한 몸매가 이상형이 되었다면 반대로 날씬하고 여리여리한 몸매가 이상

형으로 변했다는 점입니다.

우리의 몸이 이와 같은 기준에 적응하는 데에는 아마 몇 천 년의 시간이 더 필요할 것입니다. 도저히 이 빠른 속도를 따라가기란 쉽지 않은 일입니다. 내 우니히필리도 그와 관련된 기억들을 고스란히 가지고 있습니다. 오히려 우니히필리는 다이어트를 방해하는 일도 많습니다. 다이어트라는 것은 가장 먼저 먹는 것을 조절하며 적은 양의 음식을 먹어야 한다는 것이기 때문에 생존에 위협을 받는다고 생각을 하게 됩니다. 그래서 우니히필리에게 다이어트를 해야 한다고 말해도 바로 그렇게 하자고 찬성하는 경우는 잘 없습니다. 오히려 왜 먹는 것을 먹지 말아야 하냐고 되묻는 경우가 많습니다. 많이 먹는 것의 위험성을 말해주더라고 해도 지금 당장 닥친 것이 아니기 때문에 우리의 우니히필리는 그것을 이해하지 못합니다.

어린 아이에게 사탕을 주면서 사탕은 이가 썩을 수 있으니 나중에 먹으라고 말하는 것과도 마찬가지입니다. 어린아이는 지금 그 사탕을 먹고 싶은 것이지 나중에 먹고 싶은 것이 아닙니다. 우니히필리가 도와주지 않으면 다이어트를 성공시키기란 거의 불가능합니다. 일단 내 우니히필리와 음식과 먹을 것에 대한 관련 기억들을 정화를 함께 한 이후에 다이어트를 해야 하는 이유에 대해 이야기를 나눠보는 것이 필요합니다.

차분히 우니히필리와 이야기를 하면서 다이어트를 하는 이유와

목적에 대해 조금 더 확실히 정리할 수 있는 시간이 되기도 합니다. 다이어트도 충동성과 같아서 늘 마음만 가지고 있으며 내일부터라는 생각으로 살다가 어느 날 갑자기 "나도 해야겠어!"라고 시작하게 되는 게 대부분입니다. 그렇게 갑자기 시작한 다이어트는 당연히 며칠 지나지 않아 포기하게 되는 일도 다반사입니다. 그렇기 때문에 다이어트를 할 때 미리 내 우니히필리와 상의를 해보는 시간이 꼭 필요합니다. 아마 다이어트를 도와준다고 하는 우니히필리는 누구보다 강력한 다이어트 도우미가 되어 원하는 만큼의 체중 감량을 도와줄 수 있습니다.

하지만 우니히필리는 나를 도와주는 역할이고 실제로 다이어트를 해야 하는 것은 나 자신이 해야 하는 것입니다. 아무리 우니히필리라고 해도 식욕 억제를 100% 가능하게 해준다거나 저절로 살이 빠지게 해주는 것이 아닙니다. 노력은 내가 하되 나만의 도우미가 나를 뒤에서 응원해주는 형식으로 진행됩니다. 이 응원은 별것 없이 보이지만 다이어트에 힘들어할 때마다 나를 지지해주고 용기를 주는 꼭 필요한 부분입니다. 혼자 하는 다이어트보다 누군가와 같이 하는 다이어트가 더 자극이 되고 효과적인 것처럼 말이에요. 그동안 수많은 다이어트에 실패했다면 나를 도와주는 누군가 필요했다면 지금 내 우니히필리와 다이어트를 상의해보세요.

가족의 우니히필리를 알게 된다면

가족은 이 세상에서 나와 가장 가까우면서도 가장 많이 다투는 사람들입니다. 서로를 이해하는 듯하다 작은 양보를 하기 싫어 트러블이 일어나기도 합니다. 반대로 가족끼리는 서로 말하지 않아도 통하는 무엇인가가 있습니다. 서로 아무 말도 하지 않았는데 형제, 자매와 똑같은 간식거리를 사 들고 온다든가 똑같은 야식 메뉴를 생각하고 있을 때, 이미 우리는 서로의 우니히필리끼리 정보를 교환하고 있었을 것입니다. 그런 알 수 없던 정보를 우니히필리끼리가 아닌 우리가 알 수 있다면 얼마나 재미있을까요?

우니히필리 리딩을 부탁하는 사람들 중에 그렇게 가족의 우니히필리를 알고 싶어 하는 사람들도 있습니다. 특히 나와 생각이 많이 다르거나 문제가 자꾸 일어나는 가족의 우니히필리 리딩을 부탁받게 되는 경우가 많습니다. 하지만 서로에게 상처를 주어도 가족이니까 하면서 그냥 그 상처를 덮고 지나가기도 하고 가족이라는 이유로 권력으로 상대방을 깔아뭉개기도 하는데 그런 문제들은 마음속 깊은 곳에서 아물지 않은 상처가 되어 점점 나와 가족들을 힘들게 하는 골칫거리로 변해 갑니다. 그리고 계속 문제가 쌓이고 쌓이다 결국 어느 시점에 펑 하고 터져 나와 모두를 힘들게 만듭니다.

"도대체 뭐가 문제였기에 지금 와서 그래?"

이런 말은 세상에서 가장 상대방을 힘들게 하는 말인 동시에 자신은 전혀 책임을 지지 않겠다는 책임 회피의 나쁜 말입니다. 상대방은 분명 무언가의 문제로 힘들어했지만 그 문제를 해결할 생각 없이 '상대방만 참으면 다 괜찮다'라는 식으로 지나갔기 때문에 저런 말을 할 수 있는 것입니다.

    아이러니하게도 남보다는 가족과의 사이에서 이런 일을 겪을 확률이 더 많고 더 깊은 상처를 받게 됩니다. 가족들 간에는 서로 지켜야 할 경계선이나 룰이 모호하기 때문에 남이 하는 비난보다 훨씬 더 큰 데미지를 입히게 됩니다. 이런 문제점을 안고 있을 때 직접 상대방과 대면해서 이야기를 하려면 참 힘듭니다. 자꾸 내 입장만 이야기하게 되고 그동안 억울하거나 힘든 점이 북받쳐 올라와서 말을 계속하기에도 어려움이 생깁니다. 그렇기 때문에 가족의 우니히필리에게 먼저 말을 건네 봅니다. 상대방의 우니히필리에게 그런 내 마음속의 이야기들을 솔직하게 이야기하고 나의 입장을 밝히고 나면 나중에 직접 상대방에게도 그 이야기들을 전하기가 쉬워집니다.

    상대방 역시 무의식적으로 내 마음을 담은 이야기들 들었고 자신도 우니히필리를 통해 그의 입장에서 이야기를 한다면 나 또한 상대방의 마음을 헤아릴 수 있는 계기가 될 수 있습니다. 가족은 나와 가장 가까우며 나의 힘이 되어줄 수 있는 사람들입니다. 가족과 사이가 좋다는 것은 우니히필리와 소통이 잘 되는 것처럼 내가 잘 되는 것을 기도해 줄 수 있는 사람이 늘 옆에 있다는 것이됩니다.

우니히필리를 통해 가족에게 하지 못했던 말들을 전해보세요. 미안함과 사랑하는 마음까지 모두 다 가능합니다.

어느 날 갑자기

어느 날 갑자기 제 주변의 물건들이 저에게 말을 걸어왔습니다.

책상 위의 스탠드는 불을 밝힐 때마다
'나 이 자리 싫어. 다른 곳으로 바꿔주면 좋겠어'

새로 산 카메라는 사진을 찍을 때마다
'좀 더 좋은 풍경은 없는 거야? 매일 같은 것만 찍기 지루해'

벽에 걸려 있는 화이트 보드판은
'이제 날짜가 지난 것은 좀 지워주고 새로운 계획을 적어줘'

구석에 쌓여있는 책들에게서는
'이제 그만 책장으로 들어가고 싶어'

한동안 쓰지 않고 있던 공기 청정기와 제습기는
'난 일하고 싶은데 계속 쉬고 있어'

가장 투덜거림이 많은 것은 핸드폰이었습니다.
'충전시켜줘. 먼지가 쌓였으니 닦아줘. 외출할 때 꼭 들고 나가!'

마치 동화 속에 나오는 이야기 같지만 우니히필리와 소통하게 된다면 일어나게 되는 일들입니다. 사물의 우니히필리들이 나에게 필요한 것을 바라고 그 것을 해달라고 외치고 있는 것입니다. 사물의 우니히필리가 나에게 바라는 것들은 지금 나도 그것이 필요하다고 느끼고 있는 순간이기도 합니다. 책상 위의 스탠드는 자리를 바꾸고 싶었고 카메라로는 좀 더 좋은 사진을 찍고 싶었으며 화이트 보드판에는 새 스케줄을 적어놓고 싶었습니다.

물건과 대화하는 것은 전혀 어려운 일이 아니고 내가 어떻게 이것을 하고 싶은지를 생각하면 제일 쉽습니다. 나는 이 물건을 어떻게 쓰고 싶지? 이것을 어떤 자리로 바꾸고 싶지? 하는 것들 말이에요. 내 안의 우니히필리와 이야기하는 것보다 훨씬 쉬워 보이지 않나요?

지금 당신 앞에 읽고 있는 책은 당신에게 어떤 이야기를 건네고 있는지 잘 들어보세요. 그것이 바로 그 책의 우니히필리가 당신에게 들려주고 싶은 이야기입니다.

혜심

호오포노포노 트레이너, 우니히필리 이미지리더, 후나 프랙티셔너, 레이키 힐러, 전생리더. 각종 호오포노포노 관련 강의와 정화 상담 세션을 진행하고 있다.

저서로는 우니히필리 이야기, 천사의 발자국, 호오포노포노 완성편, 신내림의 진실, 내림굿의 배신, 꿈이 이루어지는 그곳, 7가지 후나의 법칙(E-Book)등이 있다

우니히필리와 함께 하는 트라우마 극복하기

우니히필리 이야기 2

처음 뵙겠습니다. 닉네임 H라고 합니다.

저의 우니히필리 '아름이'는 고양이의 모습을 하고 있습니다. 그 고양이는 노란 얼룩 줄무늬가 있는 코리아 숏헤어 종류로, 생후 3개월 정도의 아기 고양이의 모습을 하고 있습니다. 성격은 발랄하고 호기심이 많아 자주 제 주변을 뛰어다니며 호기심 어린 표정을 하고 궁금한 것들에 대해 물어보곤 합니다. 그리고 가끔 제가 아름이에게 무엇을 정화할지 물어보기도 전에 미리 자기가 정화 거리를 물고 나타날 때도 있습니다.

H

원래 아름이는 실제로 제가 키우다가 떠나보낸 첫 고양이입니다. 솔직히 아름이를 만나기 전까지의 제 인생은 손해를 보았다고 생각하고 있었습니다. 왜냐하면 저는 고양이를 포함한 동물을 매우 싫어했었기 때문입니다. 8살 때쯤 길을 걸어가다가 갑자기 뛰어온 개에게 심하게 물려서 병원에 입원을 한 적이 있습니다. 그때 생긴 트라우마로 인해 강아지뿐만 아닌 고양이나 새 등을 포함한 동물에 다가가는 두려움이 너무나도 크게 마음에 자리 잡고 있었습니다.

그래서 그때부터 길을 가다가 동물을 만나면 나를 물지 않을까 할퀴지 않을까 왠지 너무 무서웠습니다. 그리고 20대가 될 때까지도 동물을 키운다는 것은 저에게 단 한 번도 일어나지 않을 일이라고 생각을 하며 살았습니다. 사람들이 동물 이야기를 하며 귀엽다고 이야기할 적에 저는 무섭기도 하고 털도 많이 날리고 냄새도 많이 날 것이라고 까다로운 사람처럼 이야기를 하곤 했었습니다. 그래서 길에서 개나 고양이를 만나면 벌레를 본 것처럼 도망치듯이 피해있었습니다.

그런 제가 고양이 '아름이'와 가족이 되고 아름이가 5년 만에 세상을 떠난 뒤, 아름이의 사진을 정리하던 도중 "잘 지내? 나 여기 있어"하고 저에게 말을 거는 아름이를 느낄 수 있었습니다. 이 우니히필리 아름이를 만나기 전으로는 7년 전으로 돌아가야 합니다.

아름이를 만나게 된 날은 엄마와 둘이서 오랜만에 '드레곤 길들이기'라는 영화를 보고, 둘이서 마트에서 장을 보고 이것저것 사 들고 즐거운 이야기를 하며 집에 돌아오는 밤이었습니다. 집 앞 현관에서 "어? 무슨 소리지?"라고 엄마가 이야기를 했습니다. 저희집은 주택인데, 마당으로 들어가는 현관 근처에서 "끼잉 끼잉" 하는 작은 소리가 들렸습니다.

저희 집에서 동물은 저만 무서워했기 때문에 그냥 무서우니 들어가자고 엄마를 설득했지만(엄마는 저와 다르게 동물을 매우 좋아하십니다) 엄마는 "뭔가 조그만 게 있어"라며 현관 근처에 있는 그것을 잡아 손에 올려놓았습니다. 대문 근처가 매우 어두웠기 때문에 처음에는 쥐 같았는데, 한 손에 쏙 들어가는 크기의 눈도 뜨지 않은 노랗고 하얀색이 섞인 햄스터같이 작은 아기 고양이였습니다.

제가 동물을 싫어하는 걸 너무 잘 알고 있는 엄마는 "여기에 있으면 위험한 것 같으니 어미가 데려갈 수 있게 저쪽에 두자" 그렇게 말하고 발견한 곳 근처에 사람이 잘 지나다니지 않는 조금 더 안전한 곳에 고양이를 옮겨 두었습니다. 그리고 엄마는 집안일을 하면서 어미가 고양이를 데려갔는지 확인하러 몇 번을 대문 근처를 왔다 갔다 하셨는데, 한 4시간쯤 지났을 때 그 아이를 상자에 넣어서 데리고 들어오시더니 "가만히 냅두면 죽겠다. 야"라고 말씀 하셨습니다.

상자에 담겨있는 아기고양이는 눈꼽이 잔뜩 낀 채로 눈도 뜨지 못하고 아까처럼 소리 내서 울지도 않고 간신히 숨만 쉬고 있는 모습이었습니다. 그때 저도 마음속 어디선가 '이대로라면 죽을지도 몰라'라는 생각이 들었습니다. 그래서 근처 슈퍼에서 우유를 사와 물을 섞어 전자렌지에 살짝 데우고, 엄마와 함께 살며시 그 아기고양이를 들어 올려 우유를 마시게 했지만 조금도 핥으려고 하지 않았습니다. 나중에 들은 이야기지만 동물을 좋아하는 엄마도 그때 그 고양이의 초라한 모습을 보고 약간 무섭고 징그러웠다는 생각이 들었다고 합니다.

하지만 동물을 좋아하는 엄마는 "내일 병원 데려가야겠다. 누구 주변에 고양이 기르고 있는 사람 좀 찾아보고"라고 말씀하시다가도, 제가 신경이 쓰여서인지 "이름은 붙일 수 없겠다. 정들기 전에 누구 데려다주자"라고 말씀하셨습니다.

고양이에 전혀 흥미도 없고, 고양이를 키워 본 적이 없는 무지하고 어리석은 저와 인연을 맺게 된 죽을 것 같은 고양이. 일단 집에 데려왔지만 도대체 무엇을 어떻게 해야 할까요? 그래서 우선 체온 유지를 위해 깨끗한 상자에 옮겨 수건을 깔고서 넣어보았습니다. 그러자 이번엔 '무엇을 먹이면 좋을까, 화장실은 어떻게 해야 되지?' 생각할수록 모르는 것 투성이에 자꾸만 멘붕이 오고 숨은 탁 막혔습니다. 그러다 '아! 그렇지!' 스마트폰으로 검색창에 이것저것 검색을 해보고 답을 몇 가지 찾은 뒤에야 조금 안도감이 옵니다. 그 병든 아이가 우리 집에 찾아온 건 그 아이 엄마가 살려달라고 하고 싶어서 필연적으로 우리 집을 골라서였을까요?

다음 날 아침에 바로 동물병원에 데리고 갔습니다. 어제까지만 해도 동물이 무서워서 근처에 가지도 못하는 사람에게 동물병원이라니! 수의사는 고양이를 진찰하더니 감기라고 이야기하고 눈에서 진물이 나는 것도 그 영향 때문이라고 이야기를 해 주었습니다. 사료에 섞어서 먹이는 가루약과 안약, 그리고 밥을 줄 때 어떻게 해야 하는지 얼마나 줘야하는지 등 이것저것 가르쳐 주셨습니다. 우유를 줄 때에는 사람이 먹는 우유가 아닌 고양이 전용 우유나 여의치 않으면 흑설탕을 조금 섞은 물을 먹이고, 억지로 먹이려 하지 말고 작은 주사기나 고양이용 젖병을 사용해야 한다는 것 등 주의사항을 들었습니다. 이후 의사 선생님이 "태어난 지 한 열흘 정도 되었네요"라고 해서 생일은 5월 18일로 추정하게 되었습니다.

뜨지 못했던 눈을 뜨게 된 것은 그 후 3일이 지났을 때 였는데 그것도 간신히 실눈처럼 뜨기도 했고, 아직까지 눈에서 진물이 나왔지만 캔으로 된 사료를 아이스크림 스푼으로 으깨서 조금씩 먹여주면 잘 먹기 시작했습니다. 엄마는 "얘가 이제 살려고 하네" 라고 말씀하셨고 저는 조금 기쁘기도 하고 밥을 먹고 배가 빵빵해져서 변을 보는 것까지 보니 안심이 되었습니다. 그러자 이번엔 냄새가 좀 나는 게 보였습니다. 여기저기 사료가 묻어 범벅이 된 모습에 따뜻한 물로 씻겨서 드라이기로 말렸는데 끼잉끼잉 괴롭게 우는 게 왠지 딱하다는 생각이 들기도 했습니다.

역시나 동물을 키워본 적이 없기에 지식이 없는 사람들이 동물을 키우는 것은 목욕도 식사도 대하는 것이 두렵고 부서질 것 같아 다른 의미로 무서운 일이었습니다. 아마도 그 고양이의 생명력이 강한 것이었던 것 같습니다.

며칠 뒤, 역시 동물을 키우는 것에는 자신이 없었기 때문에 돌봐줄 지인을 여기저기 수소문한 결과 친구의 친구가 개를 기르고 있고, 고양이도 한번 키워볼까 생각해본다는 소식을 듣게 되었습니다. 그렇지만 막상 이 아이를 떠나보낼 생각을 하게 되면 이상하게 안심이 되지 않고 자꾸만 걱정이 되고 불안해지는 것입니다. 당시에는 잘 몰랐지만 점점 정이 들기도 했었기 때문에 떠나보내고 싶지 않다고 생각을 했었던 것 같습니다. 그 뒤로 한 달이 지나 엄마와 저는 더이상 이 아이를 어디에 보낼까 하는 이야기를 암묵적으로 하지 않게 되었습니다. 집안에서 누군가 걸어 다니면 뒤에서 총총 따라오는 모습이 귀엽기도 하고, 작은 목소리로 "냐~냐~"하고 울기도 했습니다.

고양이인데도 왠지 무섭지 않은 느낌으로 제 쪽을 빤히 바라보기도 했습니다. 자세히 바라보면 정말 귀여운 모습이었습니다. 뒷모습도 정말정말 사랑스럽다는 것이 느껴지는 아기고양이였습니다. 그리고 한달간 이름이 없던 아기고양이를 받아들이기로 결정한 저는 '아름이'라는 이름까지 붙여주게 되었습니다. 아름이와의 만남은 그동안 별 볼 일이 없던 나에게 세상이 준 큰 선물과 같습니다. 가끔 길에서 아름이와 닮은 고양이를 발견하면 빨리 집에돌아가서 아름이를 보고 싶다는 생각이 들기도 했습니다.

아름이와 만난 지 2개월 정도 되었을 때 친구에게 고양이를 키우게 됐다는 이야기를 하자 처음에 "니가?"라며 놀라워했습니다. 그 뒤로 동물에 대한 스트레스도 현저하게 줄어들었기 때문에 여유롭지 못했던 성격에도 점점 여유를 찾아가게 되었습니다. 또한 제가 그것이 나았다고 인지하게 된 것은 고양이를 너무 좋아하는 친구의 집에 찾아갔더니 키우는 고양이가 3마리나 되어서 한편으론 놀라기도 했지만 더이상 무섭지 않고, 적응하고 있는 제 모습에 더더욱 놀라움을 느끼게 되었습니다.

그 전까지는 동물도 싫었지만 동물을 키우는 사람에게도 왠지 거부감이 들어서 오히려 동물을 키우는 사람은 자기의 단점을 감추기 위해서 동물을 좋아하는 척 하지 않을까? 의심하고 있기도 했습니다. 이런 과거의 제가 참 부끄럽기도 하고 할 수 있다면 과거의 저를 부정하고 싶습니다. 동물을 싫어하는 사람도 좋아하는 사람도 편견으로 대해서는 안 됩니다. 아마 아름이를 구조(?)하지 않았다면 지금의 저는 사람들을 더더욱 냉소적으로 대했을지도 모른다고 생각합니다.

올해 어느 봄날 아름이(암컷이기 때문에 집에서는 공주님이라고 부르기도 합니다)는 지금 소파의 오른쪽에서 잠이 들어 있습니다. 사실 아름이가 떠난 것은 약 2년 전이지만, 가끔씩 집에서 아름이가 나타나서 잠을 잔다거나 옆에서 눈을 동그랗게 뜨고 쳐다본다던가 하는 느낌이 드는 일이 최근 들어 더 잦습니다. 송곳니를 드러내고 온몸을 비틀어가며 고로롱 고로롱 하며 잠든 모습이 떠올라서 사랑스러운 느낌이 느껴집니다. 그런 모습을 느끼는 것만으로도 그간 쌓인 스트레스가 치유되는 것이 느껴집니다. 최근 저는 회사에서 일을 하느라 바쁘고, 그 동안 제 우니히피리를 잊은 듯 살았는데 '항상 거기에 있었지. 다행이야' 한참을 아름이가 앉은 소파를 만지작거리며 털을 쓰다듬듯이 해 봅니다. 그러자 아름이는 부스스 자다가 일어나 기지개를 켜고 눈을 동그랗게 뜨고 저를 쳐다보는 것 같은 게 느껴졌습니다.

그리고 문득 들리는 소리 '지금 무슨 계절이야?'하고 아름이가 물어봅니다. 그동안 계속 집에만 있었던 게 지루했던 건지 그만큼 쌓인 정화거리가 많아서 그런건지 정화 거리를 찾아 밖으로 나가고 싶어하는 게 느껴졌습니다.

'지금은 봄이야. 날씨가 아주 좋아보여. 밖에 나가볼래?'

'응 좋아! 나는 봄꽃이 보고 싶어'

기쁜 듯이 말을 하며 야옹야옹 거리는 아름이와 함께 밖을 나가봅니다. 사람들 눈에는 아름이가 보이지는 않지만 제 곁에는 아름이와 함께 할 때가 있는듯한 묘한 느낌이 있습니다. 그날의 날씨는 기록적인 따뜻함. '겨울'이 마치 자신의 거만함을 반성하고 그 오명을 반납하려고 하는 것 같습니다.

하지만 봄이 되면 눈앞에 진학, 전학, 취업 등 새로운 환경의 부담감으로 인해 봄을 힘들어하는 사람들도 종종 있습니다. 봄이 되면 우울한 사람들의 이야기 속에서 저도 작년까지 매우 우울했습니다. 그리고 그때 아름이를 찾게 되면서 저는 아름이를 다시 만나게 되었습니다.

그리고 그 현상을 스스로도 이상하게 여겨 찾아간 상담센터에서 "우니히필리(잠재의식 속 내면아이)" 라는 답변을 받게 되었습니다. 저의 잠재의식의 모습이 제가 너무 사랑하고 좋아하던 아름이의 모습으로 나타난 것이라고 하면서요. 마치 제가 어린 시절의 트라우마를 아름이를 만나 치료하게 되었던 것처럼 아름이가 죽고 난 뒤에 그 존재를 아름이가 우니히필리가 되어 나타났다는 것입니다. 그리고 제가 힘이 들 때 제 무의식과의 대화를 통해 치유를 해주는 역할을 해준다고. 아마도 저는 제 자신을 아름이와 동일시하기도 한 적이 많았기 때문일 것 같습니다.

요 며칠간 저는 기분이 좋지 않았습니다. 왜인지 잘 모르겠지만, 그냥 왠지 울적해졌습니다. 그랬더니 아름이가 나타나서 제 우울함을 덜어주고 싶었나 봅니다. 아름이와 함께 밖에 나갔더니 화단에 여기저기 예쁜 꽃이 피어있었습니다. 그리고 그동안 지나치던 곳에서 처음 보는 작고 빨간 꽃이 길가에 피어있는 모습을 보고 '튤립 같이 생긴 귀여운 꽃이구나' 라고 생각했습니다. 여기저기 자란 잔디들이 마치 '캣닙같다' 라고 느껴지는 건 이제 저도 고양이를 제법 오래 키운 사람 느낌이 납니다.

'캣닙'이라고 이야기 하니 아름이는 정말 이상하게 캣닙보다 상추를 더 좋아하는 고양이었습니다. 어느 날 제가 고기를 먹기 위해 상추를 씻어 놓았는데 어느새 건드려서 먹어보고는 그 맛이 좋았는지 그뒤로 상추만 보면 코를 킁킁대면서 달라고 졸라대었습니다. 그래도 그 순간이 좋았던 건 아름이를 유일하게 안을 수 있는 시간이었기 때문입니다. 제가 "아름아~ 상추 먹자"하면 정말 좋은지 꼬리를 세우고 저를 졸졸 따라오며 빨리 달라고 보챕니다.

그리고 상추를 먹을 때만큼은 그대로 안을 수 있어 기뻤습니다. 하지만 상추에 취했다가 다 먹고 나면 갑자기 헉! 하고 당황해서 온 식구를 웃음 짓게 합니다. 왠지 한시라도 빨리 탈출해야 한다며 바둥바둥 거리는 모습이 귀여워서 놔주지 않고 괴롭히는 것도 재미있었습니다.

저는 조금 더 아름이와의 추억에 잠겨 길을 걷고 싶었습니다. 날씨가 참 따뜻하고 살랑살랑 부는 바람에 몸도 마음도 정화되어감을 느끼고 있었습니다. 근처 공원까지 다다르게 되었는데 공원에 있던 화단에 며칠새 큰 변화가 있었습니다. 제가 며칠 이곳에 오지 않은 사이에 아주 많은 꽃들이 여기저기 피어있던 것입니다. 아름이가 아니었으면 지나칠 뻔했을 것 같았다고 아름이에게 이 풍경을 보게 해주어서 고맙다고 이야기하자 아름이는 나도 기분이 좋다고 대답해 주었습니다.

그렇게 저와 아름이는 둘이서 행복한 시간을 보내고 있었는데 문득 한달정도 더 있으면 아름이의 8번째 생일이 다가온다는 것이 생각났습니다. 처음 시작된 아름이와의 생활에서 내가 아름이에게 제일 잘 해주는 날은 생일이지 않았을까 합니다. 고양이 캔의 내용물을 케이크처럼 부서지지 않게 꺼낸 뒤 좋아하는 스틱 간식을 꽂아 케이크 모양을 흉내내 주었습니다. 모든 것이 엉망으로 해주는 집사였지만, 그날만큼은 아름이도 기뻐했을까요? 점점 아름이의 생일은 기다려지는 날이 되고 아름이의 세 번째 생일부터는 제가 직접 만든 고깔모자와 캔 간식에 초를 꽂아 생일을 맞이해 주었습니다.

하지만 아름이의 마지막 생일에는 내가 너무 바빠 생일 전날까지 완전히 잊고 있는 바람에 당황해서 당일날 대충 만든 고깔모자를 씌워줬더니 잘 안 맞아서 자꾸 손으로 벗기려고 애를 쓰던 모습이 생각납니다. 문득 그때가 미안해져서 미안하다고 말하고 싶어져서 슬며시 말을 건넵니다.

'미안해. 잘 챙겨주지 못해서'
'괜찮아 이미 너에게 많이 받았고 나는 네 덕에 정말 행복했어'

아름이의 말에 가슴이 뭉클해집니다. 눈에서 자꾸만 눈물이 나오려고 합니다.

'조금만 더 살지. 그렇게 갈 줄 알았으면 하루하루 더 소중히 너를 만나는 건데'

이번 생일은 좀 더 멋지게 챙겨 주어야겠다고 생각이 듭니다. 봄바람은 따뜻한데 내 눈은 자꾸 시려워져옵니다. 아마도 봄을 타는 건가 헤어짐을 아직도 받아들일 수 없는가. 별별 생각이 다 들기 시작합니다. 그러자 말없이 나를 지켜보고 있던 아름이가 갑자기 일어나서 움직입니다.

'아름아~ 어디가'

나오던 눈물을 바로 슥 훔치고 무작정 아름이가 향하는 방향으로 따라가 봅니다. 5분 정도 뒤따라가 보았는데 그 자리에 갑자기 사라져버린 아름이. 구석에 그물로 된 벽이 보입니다. 그리고 그 벽 너머에 아직 어려 보이는 고양이가 빼꼼 하고 보입니다. 아름이의 인도가 신기하기도 했지만 실외기 아래에 놓인 먹이를 정신없이 먹고 있는 검은 고양이. 친절한 사람이 베푼 모양입니다. 길고양이는 경계심이 무척 강하기 때문에 아마 거리에서 흘러들어온 도둑고양이라고 생각됩니다.

저는 말 없이 그 모습을 지켜보았습니다. 식사를 마친 검은 고양이는 몸을 쭉 펴더니 느린 걸음으로 걸어갑니다. 그 때 지금까지 어디에 숨어 있었는지, 갑자기 제 근처로 날렵해 보이는 흰색 고양이가 모습을 보입니다. 그리고 소리를 지르며 검은 고양이의 뒤를 쫓아가기 시작했습니다. 영역을 침범한 걸까? 하는 생각이 들기도 합니다.

그런데 검은 고양이는 그 흰 고양이를 한 번도 쳐다보지 않고 건물의 그늘에 모습을 감추었습니다. 검은고양이보다 덩치가 큰 흰 고양이는 검은 고양이의 모습이 보이지 않지만 그 자리에서 고하듯이 한참을 울어젖히더니, 갑자기 제 얼굴을 바라보며 한층 날카로운 소리로 울었습니다. 그러나 저는 그 소리에 어떻게 반응해야 할지 몰라 그냥 조용히 흰 고양이를 보고 있을 수밖에 없었습니다. 경계를 하는 그 모습은 부모를 일찍이 잃어버리고 세상 속에 미아가 되어 치열하게 살아간 모습을 연상케 했습니다.

야생 고양이들은 자신의 힘으로 살아가는 수밖에 없습니다. 그리고 체력이 없는 고양이나 질환을 앓고 고양이는 누구의 눈도 건드리지 않고 결국 고독 속에 죽어가는 운명이지 않을까. 한동안 그 고양이와 저는 서로 침묵하고 꼼짝하지 않았습니다. 하지만 결국 흰 고양이는 한계를 느낀 것인지 몸을 일으키며 그 자리를 떠나갔습니다.

    밖에서 사는 고양이들은 추운 밤 따뜻함을 느끼고 싶어 할 것입니다. 아마도 아름이는 행복했던 자신의 생활 그것을 저에게 알려주고 싶었을까요? 그리고 자기와 같은 일이 다른 고양이에게 일어나길 바라지 않았던 것일까요? 그 날 이후로 저는 그 날 아름이를 구조했었던 것처럼 밖에서 사는 고양이를 돕기 시작했습니다. 이렇게라도 아름이를 일찍 떠나보낸 내 죄책감이 정화되어 사라질 수 있기를. 조금 더 내 마음이 편해질 수 있기를 바라봅니다.

당신이 만약 고양이를 쫓아 잡으려고 해도 그들은 결코 잡히지 않습니다. 왜냐하면 고양이가 온 힘을 다해 달렸을 때는 시속 50㎞ 정도로 100미터를 7초대로 주행할 수 있는 수준이기 때문입니다. 100미터 9초58의 세계 기록을 가진 우사 인 볼트조차도 최고 속도는 시속 45㎞에 지나지 않습니다. 덧붙여서 같은 고양이과 치타의 최고 속도는 시속 110㎞에 달하며 100미터를 단 3초에 달립니다.

잠시 후 그 녀석이 나타났습니다. 조용히 웅크리며 이쪽을 바라봅니다. 눈에서 짓물이 나서 눈뜨기도 힘겨워하는 보기 흉한 모습의 노란 고양이. 마치 처음 아름이를 만났을 때와 비슷한 느낌의 그 녀석. '이번에는 도대체 무엇을 할 작정이야?'라는 듯 앞에 앉아 있는 그 녀석을 주시했습니다.

이윽고 그 녀석은 폴짝 뛰어 나무 위에서 정리를 시작합니다. 고양이가 높은 곳을 좋아하는 것은 외부로부터 몸을 지키기 위해서이며, 먹이를 발견하는 데 유리한 위치이기 때문입니다. 이것도 그들의 유전자에 프로그래밍 된 습성과 행동 원리이며 안전한 곳에 사는 길고양이는 불필요할지도 모르지만, 이곳이 안전한 곳이 아닌 곳이라고 느낀 고양이에게는 살아 남기 위한 필수 불가결 한 요소입니다.

제가 오늘 만난 녀석의 이름은 '나비'입니다. 매우 고전적인 이름이긴 하지만, 폴짝폴짝 뛰는 모습이 나비처럼 가벼워서 제가 붙여준 이름입니다. 저는 미리 준비해둔 사료를 플라스틱 그릇에 담아 근처에 두기로 합니다. 이렇게 고양이 식사를 제공하고 있으면, 종종 냄새를 맡은 다른 녀석들이 나타나기도 합니다. 음식이 귀한 길고양이들이라 그런지 자기 몫을 나누어 주었으면서도 자꾸만 다른 고양이가 먹는 사료를 탐한다는 것입니다. 고양이는 다른 고양이를 질투하거나 부러워하는 감정이 없는 것으로 알려져 있지만, 음식에 관해서는 이 이야기가 틀렸을지도 모릅니다.

고양이는 사람처럼 정해진 시간에 식사하지 않고, 여러번에 나누어 조금씩 먹는 습성을 가지고 있습니다. 이는 조사결과 약 13만 년 전 사막지대에 살고 있던 고양이의 뿌리인 리비아 살쾡이의 식성이 모태가 되었다는 게 정설입니다. 그리고 시간을 정해 식사를 주는 고양이는 자유롭게 식사를 시킨 고양이에 비해 협조성이 부족해 공격적으로 변한다는 실험 내용도 있다고 합니다. 즉, 고양이 본래의 식성을 고려하지 않고 사람들의 식생활에 맞추어 식사 시간과 횟수를 정하는 것은 고양이를 잘못 길들이는 것은 아닌가 하는 생각이 들게 합니다. 어떤 면에서는 살아남기 위해 그런 것에 길들여진 고양이들도 있겠지만, 때로는 고양이의 시점이 될 필요도 있습니다.

또한 나비는 누군가 키우다 버린 것처럼 인간인 나에게 붙임성이 아주 좋기도 합니다. 나비는 제 다리에 몸을 붙이고 꼼짝하지 않고 있습니다. 변덕스럽게 찾아오는 나에게 이렇게 정을 주는 고양이가 어쩌면 누가 키우다 버린 고양이일지도 모릅니다. 그리고 길고양이를 돌보며 가끔 누가 버린것 같은 고양이를 만나기도 합니다. 비록 저도 이제 와서이지만, 고양이뿐만 아닌 동물을 유기하는 행위는 범죄와도 같다고 생각하고 그들도 잘살 권리가 있다고 생각합니다.

아무런 죄 없어 보이는 이 고양이를 여기에서 조금 구원해낸다고 내가 좋은 사람이 된다는 법은 아니지만, 마치 몸 안에 작은 블랙홀이 있는 것처럼 밥을 먹어치우는 녀석의 모습을 보면서 '그래도 잘 먹어서 안심이야' '오늘도 살아줘서 감사해' 하며, 저도 고양이도 구원받고 함께 정화됨을 느낍니다.

밥을 다 먹고 손길을 즐길 만큼 즐긴 나비는 털고르기를 잠시 한 후 잘 보이지도 않을 것 같은 눈으로 허공을 응시하기 시작했습니다. 아니 눈 너머로는 확인할 수 없지만, 뭔가를 발견한 것 같습니다. 분명히 그 정체는 공중을 날고 있는 '작은 벌레'라고 생각됩니다. 언제 여기 왔냐는 듯 깡총 사라집니다. 방금까지의 배고픔은 어디로 갔냐는 듯, 금새 잊어버립니다. 그들에게는 당연한 것일지 모르겠지만 미련둥이인 나에게는 참으로 신기한 모습입니다. 겉으로는 고양이를 돌본다고 하면서도, 그들에게 치유받는 것은 항상 저인 것 같습니다.

'청천벽력'이라는 말이 있습니다. 예상치 못한 충격적인 사건과 놀라운 이변이 일어나는 것을 비유하는 표현입니다. 사용 여부에 관계없이 이 세상에서 날벼락이라고 불릴 만큼 의외의 사건이 매일 일어나고 있습니다. 어쩌면 세상은 뉴스의 연속일지도 모릅니다. 매년 올해는 최악의 해라고 이야기하면서, 작년에도 최악 올해도 최악이라고 이야기할지도 모릅니다. 이 정도면 그게 평범한 일인 것일지도 모릅니다. 그동안 제가 가졌던 동물혐오나 지금 제 평온한 일상은 기적이라고 말해야 할지도 모르겠습니다.

하지만 그런 저에게도 마른 하늘의 날벼락이라고 말할 일이 없는 것은 아닙니다. 가장 제 마음을 힘들게 했던 일은 엄마의 갑작스러운 입원이었습니다. 저에게는 정말 가슴이 철렁 내려앉은 일이었습니다. 엄마가 계단에서 넘어져 계단 모서리에 갈비뼈가 부러졌던 것입니다. 엄마는 입술이 새파래지고 갑자기 넘어진 충격에 숨을 쉬지 못하고 온몸을 바들바들 떨었습니다. 황급히 구급차를 불러 들것에 실려 아빠와 함께 엠뷸런스를 타고 응급실원에 가고, 저는 그렇게 아픈 엄마를 처음 보았기 때문에 엄마를 잃을까 봐 너무 무서운 기분이 들었습니다. 당시 살아있었던 고양이 아름이는 엄마의 빈 자리를 바라보며 밤새 엄마를 찾아 이방 저방을 울며 돌아다녔습니다.

그리고 입원한 다음 날, 집을 지키다가 엄마가 입원한 병원에 아빠와 교대를 하기 위해 옷가지 몇 벌과 엄마가 좋아하는 토마토를 잘라 갔습니다. 친척들도 한걸음에 달려와서 온 가족이 모여서 모두 와글와글했습니다. 병원 음식은 맛이 없어 그냥 그냥 먹었다 하면서 가져온 토마토를 드시느라 제 얘긴 듣는 둥 마는 둥 하셨습니다. 아름이가 온 집안을 돌아다니며 엄마를 찾았다고 이야기를 하기도 했지만, 제가 열심히 엄마한테 말을 걸어도 토마토를 이길 수 없습니다. 그나마 잘 먹는 엄마를 보며 안심이 되었지만, 그래도 앞으로 엄마가 없어진다는 위험이 내 머릿속에 자리잡히게 된 계기가 된 것 같습니다.

며칠 후 드디어 퇴원 수속을 마치고 돌아오는 길. 아직은 그래도 괜찮아 보이는 엄마를 볼 수 있어 다행이라는 느낌과 동시에 '엄마가 이렇게 작아 보일까'하는 생각이 들었습니다. 집에 도착하자마자 "아름아"하고 부르는 엄마에게 아무렇지 않은 듯 무릎 위에 폭 하고 앉는 고양이. 그리고 엄마 손의 냄새를 맡으며 응석을 부립니다. 아기 고양이 시절부터 엄마의 팔과 몸의 틈새에 머리를 들이받고 몇 시간 잠 들었기 때문에 너도 안심했구나 하는 느낌이 들었습니다. 평소에는 일상적인 일이었는데 새삼 가족의 따뜻함을 느낄 수 있는 날이었습니다.

그 날부터 아름이는 우리 집 복덩이가 되어 가족에게 힘을 주는 존재가 되었습니다. 제가 행복했던 순간을 추억해보면 그것은 아름이와 함께한 시간의 기억이 많았습니다. 그리고 저는 요즘 엄마가 가끔씩 다치거나 아플 때 아름이가 엄마의 무릎에 앉아있었던 그때가 자꾸만 생각이 납니다. 제가 그 아이처럼 엄마를 안심시켜줄 만한 무언가 해줄 수 없을 때가 종종 찾아올 때가 있습니다.

엄마가 아프면 속이 너무 답답해지고 가슴이 너무 아픈데 되려 저는 대체 몸 관리를 어떻게 하느냐고 엄마에게 화를 내기도 하고, 작은 일에도 괜스레 엄마가 없어질까 봐 무서워져서 몰래 화장실에 들어가 속상한 마음에 숨죽여 울기도 했습니다. 그래서 오늘은 조용히 우니히필리인 아름이를 불러보기로 했습니다.

"너는 어떻게 엄마를 위로했니?"라고 물었습니다. 그런데 아름이가 좀 이상합니다. 아름이는 피투성이가 된 채로 엄마 옆에 누워 있었습니다. 순간 그 장면이 떠오른 저는 온몸에 소름이 쫙 끼쳤습니다. 저는 무서웠지만, 아름이를 지켜보기로 했습니다. 아름이의 가슴에서는 피가 철철 흐르고 있었습니다. 아름이는 '나는 가슴이 너무 텅 빈 것같이 아파. 나에게 필요한 것은 따뜻한 사랑인데, 누가 내 심장을 가져간 것 같이 너무 괴로워'라고 말했습니다.

아름이는 따뜻한 사랑이 필요하다고 했습니다. 그래서 아름이를 꼭 안아주었습니다. 그리고 누워서 잠들어있는 엄마를 꼭 껴안아 봅니다. 왠지 예전보다 더 작아진 엄마를 껴안으면, 눈물이 나고 엄마가 약해졌다는 것을 인정하는 것같아 슬펐습니다. 그래서 엉엉 울

것만 같았는데 눈물이 나기보다는 먼저 엄마의 체온과 따뜻함이 느껴졌습니다. 들숨을 쉬고 날숨을 쉬는 곤엄마의 품과 냄새를 느껴봅니다. 엄마가 살아있음이 느껴져서 안심이 됩니다. 그렇게 우리는 잠이 들었습니다. '내일은 엄마랑 맛있는 걸 먹어야지'라는 생각이 듭니다.

아직 엄마의 체온을 느낄 수 있고, 엄마에게 '사랑'이라는것을 줄 수 있습니다. 감사합니다. 미안합니다. 사랑합니다. 용서해주세요.

#5

아름이가 병에 걸려 죽고 난 뒤부터 저는 걱정하는 버릇이 생겼습니다. 불안해지면서 걱정이 하나 둘 늘었습니다. 저의 걱정이 얼마나 저에게 안 좋은 영향을 주었는지 이야기를 해보자면 저는 상당 기간 영화를 볼 수 없었던 시기가 있었습니다. 영화를 보고 있어도 자꾸만 다른 생각이 떠올라서 다른 걱정거리가 떠올라서 영화에 도저히 집중할 수 없다 보니 집중해서 영화를 볼 수 없게 되어버린 것입니다.

그러다가 얼마 전에 갑자기 아름이와 이야기를 하다가 영화가 보고 싶어진 것입니다. 아름이를 만나게 된 날 영화를 보고 집에 돌아오는 길이었으니까요. 그래서 얼마 전에 티비에서 해 주는 영화를 보게 되었습니다. 영화를 보고 난 감상은 '역시 화제가 된 영화는 재밌구나'라는 것이었습니다. 그래서 최근에는 조금씩 시간을 내서 다른 영화들을 보고 있습니다.

얼마 전에는 '시간을 달리는 소녀'라는 애니메이션을 보게 되었는데 영화에 너무 푹 빠져버렸는지 그만 대성통곡을 하게 되었습니다. 한참 동안 눈물이 멈추지 않았습니다. 무엇인지 모르겠지만, 무언가 제 마음 깊은 곳을 건드린 것 같습니다. 그동안 저는 표현에 아주 인색한 사람이었는데, 엉엉 울 수 있다는 게 스스로도 신기하기도 하고 한편으로는 왜 눈물이 멈추지 않을까 하는 궁금증이 생겼습니다.

저는 호오포노포노를 하며 우니히필리와 만나기 전까지는 영적인 세계라는 것도 몰랐고, 전혀 무관한 삶을 살아왔습니다. 그래서 처음 호오포노포노를 했을 때에는 솔직히 종교적인 느낌 같은 것이 들어 그 사람들과 이야기를 하는것에 조금 어색했습니다. 그런데 대성통곡을 한 이유를 모르는 것처럼 언어로 설명할 수 없는 일들이 저에겐 너무 많이 일어나고 있었습니다. 또한 제 감정을 이성적인 부분으로는 없앨수 없었습니다.

저는 호오포노포노를 만나기 전까지는 영적인 세션을 받아보기 전까지는 제 자신의 마음의 괴로움을 어떻게든 하고 싶다고 생각했습니다. 그래서 뭐든지 긍정적으로 받아들여야만 하고 밝아야 한다고 노력을 하며 살아왔다고 생각합니다. 하지만 결과적으로는 이렇게까지 하는데 뭔가 좋아지는 것도 없고 절망과 괴로움만 증가할 뿐이었습니다. 그래서 내심 제가 안고 있는 문제가 이성적으로 해결될 수 없는 부분임을 인지하고 있었던 것입니다.

처음 상담을 받았을 때 상담해준 분과 대화를 하는데 저는 제 마음이 저를 힘들게 하는 것을 잘 알았고, 사람들에게서 방해받고 싶지 않다고 이야기했습니다. 단지 직장에서도 사람들과 잘 지내고 싶다고 말했습니다. 그리고 제가 영적인 세계에 들어가는 것을 무서워했기 때문에 "혹시 이것이 자기 세계에 갇혀 정신병으로 이어지지 않는지"라며 물어보았습니다. 그러자 상담을 해준 분은 자기 세계에 갇힌다 라고 표현을 하는데, 자기 안에 갇힌다는 표현은 오히려 내가 좋아하는 한 가지 일만 계속하려고 할 때 생기는 현상일 확률이 더 높다고, 오히려 변화를 받아들이지 않으려고 지금을 보려고 하지 않을 때 생기는 것이라는 이야기를 해 주었습니다. 순간 뒤통수를 맞은 것처럼 얼얼해졌습니다.

예를 들어서 평소에 제가 좋아하는 음식만 먹다가 어느 날 그 음식의 퀄리티에 만족을 못 하게 되었을 때 오는 실망감은 아주 클 것입니다. 하지만 그것을 알고 다른 곳에 가서 밥을 먹다가 갑자기 더 좋아하는 메뉴가 생길 수도 있고, 아니면 그동안 제가 먹었던 음식이 얼마나 맛이 있는지를 느끼게 됩니다. 이 어쩌면 당연한 듯한 이야기가 저에게 아주 도움이 되고 있습니다.

뭔가 마음에 드는 것이 있으면 계속 같은것을 사용하거나 물건을 살 적에도 샀었던 곳에서 사 버리는 경향이 있는데, 마음에 여유가 있을 때는 평소와 다른 것을 하는 것을 지향하고 있습니다. 이전에 익숙하지 않은 것을 한다는 것은 어쩌면 골칫거리가 되겠지만, 이것을 계속해 나가다 보면 그다지 거부감 없이 새로운 것을 시작할 수 있는 것입니다.

그리고 저에게 "자신을 너무 과소평가를 하는 경향이 있다. 너무 열심히 할 필요가 없다"는 말로 저를 위로해 주었습니다. 저는 눈물이 펑펑 쏟아져 나왔습니다. 이 말은 저 자신도 알고 싶지 않았던 제 괴로움을 정확하게 짚어 준 것이라고 생각했습니다. 뭔가가 제 깊은 곳에 닿은 느낌이 들어 그만 눈물이 나고 말았습니다. 그래서 저는 상담하시는 분과의 대화를 통해 제가 가장 행복했던 경험으로 돌아가 지금의 우니히필리인 아름이를 만나게 되었습니다.

저는 '내 세계가 펼쳐지기를 간절히 바라고 있었던 것이 아니었을까, 그동안의 괴로움은 그런 나를 억압하는 데서 오는 괴로움이 아니었을까'하고 생각해봅니다. 어디를 가도 이렇게 제 영혼 깊은 곳을 위로해 주는 방식은 여태껏 없었다고 생각합니다. 제가 진정 원하는 것은 이성적인 것이 아닌 제 영혼의 자유였던 것이었지요. 그리고 그동안 제가 저 자신을 눌러왔던것이 얼마나 어리석었는지 깨닫게 되었습니다. 제가 눈 앞에 생긴 문제와 마주하게 된 것은 비로소 보기를 두려워하던 저의 내면을 바라보게 되면서 그것에 대한 정화가 시작되고 있었습니다.

우니히필리와 대화를 하며 알게 된 것이 몇 가지가 있는데 그 중 정화 도구를 이야기해 보려고 합니다.

저는 보통 제가 곤란할 때에 아름이를 찾게 되기 때문에 아름이는 여러 가지 정화 도구를 이야기해 줍니다. 그중에서도 아름이가 좋아하는 것은 정화도구는 꽃향기입니다. 꽃향기가 들어간 오일이나 꽃향기가 들어간 차 등을 마시면 아주 행복해하는 모습을 볼 수 있습니다.

우선 저는 기분이 우울하면 그 자리에서 벗어나려고 하지 않는 편이었습니다. 오히려 생각에 생각을 꼬리물기를 하며 더 큰 우울함과 걱정을 불러오곤 했습니다. 그때 아름이가 꽃향기를 맡고 싶다고 이야기를 했습니다. 저는 향초를 켜고 향을 들이켜 보았습니다. 그리고 제가 꽃밭에 있다는 상상을 하자 우울함이 조금 안정되기 시작했습니다. 그 뒤로 기분이 우울하면 그 자리에서 우선 벗어나기 위해 허브티나, 향초, 오일등을 사용합니다.

저는 어쨌든 식물의 잎을 만지거나 향을 맡으면 마음이 편안해지곤 했습니다. 우울함이나 큰 사건을 경험한다는 것은 아주 힘든 일입니다. 하지만 그 기억을 하나하나 정화해 나가는 자신의 모습을 느끼면서 제 우울함은 눈에 띄게 좋아졌습니다.

그리고 또 한가지 어느 날 정화를 하고 나서 문득 든 생각은 '내 신념이나 내가 믿는 것이 100퍼센트 맞지 않는다'는 것입니다. 저는 아름이를 구조하게 된 것을 계기로 지금까지의 제 가치관이 크게 바뀌고, 인생이 크게 바뀌었습니다. 하지만 아름이가 병으로 죽게 되면서 처음 몇 년간은 계속 죄책감에 패닉상태였다고 생각합니다. 저의 우울함을 표면으로 드러내고, 충격으로 회사를 그만두었었습니다. 사실 동물이 죽었다고 해서 일을 그만두는 사람은 현저히 적을 것입니다. 하지만 아끼는 동물이 죽고 나니 당시의 저는 도저히 일을 계속할 수 없는 상태에 이르렀습니다.

아마도 너무 의지를 하고 있지 않았을까 싶기도 했지만, 제 마음 속 깊은 곳에는 변화를 인정하지 못하고 있었던 것인지도 모릅니다. 사람이던 동물이던 태어나면 죽는 것은 당연한 일이었으니까요. 하지만 당시 저는 줄줄이 쏟아져 나오는 부정적인 에너지에 시달리고 있었고, 제 우울함으로 인해 인간관계에서 자주 마찰을 일으켰습니다. 부정적인 감정으로 사람들을 대하게 되었고, 마음이 경직이 돼서 사람들과 사귈 여유가 없었습니다.

저는 변화를 두려워하고 저주하기까지 합니다. 알 수 없는 힘에 농락이 되고, 내가 지금 바른길을 가는 것일까? 불안해하고 두려워합니다. 특히나 그 전까지 기분이 좋았을 때 갑자기 찾아온 변화에 저항하게 됩니다. 그래서 그 불만과 동요가 좌절로 나타나게 됩니다. 그로인함인지 누군가의 탓을 자꾸 하게 되고, '사람을 용서할 수 없다'는 상황에 자주 처해 있었습니다. 이 감정에 대처하기 위해서 여러 가지 시도를 해본 끝에 호오포노포노를 만나게 되었습니다. 그 과정에서 우니히필리로서의 모습을 한 아름이를 다시 만나게 되었습니다. 그리고 사람을 미워하는 증상이 상당히 줄게 되었습니다.

그래도 아직까지도 제게는 사람을 자기 자신을 용서할 수 없다고 느낄 때가 있습니다. 그리고 용서 못 한다는 마음을 가지고 있는 것은 타인보다도 우선 제가 괴롭습니다. 그럴 때에는 요즘 아름이가 안내해준 꽃향기가 나는 물건을 지니거나, 오일의 힘을 빌려 그 상황을 극복해나가고 싶다고 생각합니다. 최근 나와 아름이가 빠져있는 것은 자스민계열의 향입니다. 감정의 정화에 집중하고 꽃향기를 맡으며 하나하나 정화해 나갑니다. 제대로 정화가 될 때는 정화가 되면 '정말 이렇게 편해지는구나' 라고 실감하게 됩니다. 그때는 아름이도 신이 나서 주변을 뛰어다니며 좋아합니다.

저는 제 우울함을 발견하고 몇 년 동안은 그래도 일을 해야겠다고 생각했습니다. 하지만 일의 부담을 줄이기 위해서 직장을 몇 번 바꾸는 과정에서 수입이 줄어들거나 없어지는 것을 경험했습니다. 또한 제 몸을 혹사하고 컨디션이 좋지 않아서 얻은 질병들을 제가 일한 돈으로 치료하는 것은 정말 한심하다는 기분이 들게 했습니다. 그러다가 허브차를 마시고 속이 편안해지는 경험을 한 적이 있었다는 것을 떠올리게 되었습니다.

저는 쉽게 예민해지는 체질이었기 때문에 마음의 안정을 느끼게 해주는 향이나 허브가 상당히 도움이 된 것이라고 여깁니다. 꽃의 향이 감정적이나 정신적인 면에 도움이 되었고, 어떤 날에는 열이 나거나 감기가 날 때에도 효과가 나오는 날이 생기기도 했습니다. 아주 재미있는 발견을 하나 둘 해가면서 저에게 맞는 꽃을 하나하나 찾아가는 재미도 느낍니다. 그리고 돌아보면 저는 나비처럼 애벌레가 번데기가 되는 과정에 가까이 있다고 생각됩니다.

잘 생각해보면 삶의 질이 개선되고 있고, 행동 패턴도 변화하고 있지만 표면적으로 화려한 변화는 없는 느낌이랄까요? 하지만 분명 마음의 깊은 곳은 변화하고 있는 상태로 지금은 이 시기를 견디고 있다는 느낌을 받고 있습니다. 지금은 단지 멈추어서서 시기를 기다리고 있다는 느낌입니다. 그런 의미에서 정화 도구인 꽃은 저에게 제 상황을 알게 해주었고, 우니히필리와의 관계를 기쁘게 해주는 고마운 존재입니다. 언젠가는 이러한 시기를 거쳐 이런 식으로 바뀐다는 것을 이야기할 수 있으면 좋겠다는 생각이 듭니다.

꽃에 대한 이야기를 한 가지 더 해보자면, 저는 꽃을 가꾸는 것을 좋아합니다. 제 가족들도 이 일을 아주 좋아합니다. 우리 모두 꽃을 가꾸는 것을 좋아하지만, 기르고 싶은 꽃과 키우는 화분 같은 것을 고르라고 하면 취향이 각각 나뉩니다. 공통적인 부분이 나오지 않고, 취향이 다를 때는 서로 자기주장이 옳다고 말하게 됩니다.

어느 날 이 꽃을 가꾸는 일 때문에 가족들이 크게 싸우게 되었습니다. 할아버지께서 원래 가꾸시던 텃밭을 할아버지께서 돌아가시면서 가족들이 정원으로 바꿔 기르자고 이야기를 하게 된 것입니다. 정원을 만들자는 것은 모두가 일치했지만, 아빠와 엄마 그리고 저까지 자기가 꾸미고 싶은 것이 분명했기 때문에 서로 양보하지 않는 상황이 오게 된 것입니다.

또 어찌어찌 서로 포기할 것은 포기해가다 보니 꾸미는 재미도 없게 되고, 엄마와 아빠는 저에게 같이 일을 하자고 이야길 하면서 실제로 작업을 시작하면 "이것은 안된다, 저것은 안된다"며 제약을 하는 그런 일들이 발생하게 되었습니다. 이런 상황에서 무언가를 제가 한다는 것은 조금의 재미도 없는 일이었습니다. 그래서 그만 크게 다투고 말았습니다. 그날 저는 이제 일체 이 일에 손대지 않겠다고 선언해버렸습니다. 그리고 그 후 몇 년 동안 그곳에 가는 일도 만지는 일도 거의 없었습니다.

　하지만 어느 날 아빠도 엄마도 저와 함께 이 정원을 꾸미며 행복하게 살고 싶지 않았을까? 하는 생각이 문득 들었습니다. 그래서 올해는 몇 년 만에 그 정원을 꾸미는 데 함께하게 되었습니다. 그리고 저는 정화를 통해 변화가 있었음을 깨닫게 되었습니다. 이전에 식물을 심는 위치 등을 의논하다 보면 셋이서 의견이 깨지는 일이 많았는데 요즘은 이게 잘 결정될 수 있게 되는 경우가 많았습니다. 또한 지금까지 좀처럼 제가 이해받지 못했다고 생각한 것들을 부모님도 잘 받아들이게 되었습니다. 그리고 얼마 전에 마당에 나와 정원을 바라보니 꽤 기분이 좋았습니다.

　지금의 정원도 사실 제 마음에 쏙 드는 느낌은 아니지만, 그래도 그것은 그것대로 좋은 느낌이 있었습니다. 이런 식으로 사물을 보게 된 것은 그동안의 정화 효과가 아니었을까 생각합니다. 제가 정화에 집중함으로서 저희 가족 셋이 함께 만드는 정원이 탄생하게 된 것 같습니다. 제가 만약 무리하게 제 취향에 맞춰달라며 떼를 쓴다면 그것은 제 에너지를 소모해야 하는 일이 됩니다. 제 취향으로 완성이 되었지만, 아마 어딘가 마음이 불편한 느낌이 들 수도 있었을 것이라고 생각합니다. 싸움을 할 적에는 이런 날이 올 줄은 상상도 못해보았지만, 제가 눈치채지 못하는 곳에서 어떤 연결된 기억 하나가 확실하게 정화된 것 같습니다. 요즘은 정원을 꾸미고, 아름이와 함께 감상하는 것을 즐기고 있습니다.

저는 매일 여러 가지를 제 우니히필리 아름이에게 상담하기도 합니다. 우니히필리에게 상담을 하는 시간은 정신적인 면을 이야기할 때가 많지만, 현실적인 차원에서 더더욱 도움이 되는 경우가 많습니다. 특히 저의 행동과 선택 하나하나에 우니히필리의 의견을 물어보는 과정이 있습니다.

예를 들어서 오늘 쇼핑을 하는데 어떤 옷을 사고 싶은지에 대해서 또는 오늘 저녁을 무슨 메뉴로 할까 하는 식입니다. 이럴 때의 대답은 몸에서 나타나는 현상이라던가 머릿속에 떠올려서 어떤 행동을 하는지 상상해보기도 합니다. 최근 발견한 긍정적인 현상은 질문하고 손에 집중하면 손이 따뜻해진다는 것입니다. 부정적인 반응을 보일때에는 몸이 무거운 느낌이 들기도 합니다. 그 어느 쪽도 모르겠다는 느낌이 들 때가 있는데 그럴 때는 눈을 감고 머릿속으로 아름이의 이미지를 떠올려 보고 결정합니다. 아름이의 이미지가 편안하거나 기분 좋은 상태이면 긍정적인 대답입니다.

하루의 시작을 함께 하거나 일을 시작할 때 등 저의 우니히필리와 함께하는 삶을 목표로 하고 있습니다. 또, 가끔 제 우니히필리 아름이는 까다로울 때가 있습니다. 그것은 제가 일을 할 때입니다.

저는 그림을 그리는 일을 하고 있습니다. 그리고 아름이를 만난 뒤로 그림 실력이 갑자기 늘기도 했었습니다. 시험 삼아 일하는 것에도 도움이 될까? 하고 아름이를 부른 게 원인입니다. 그때 아름이는 자꾸 제 그림에 대고 고칠 것 투성이라며 이것저것 이야기를 하는 것입니다.

저는 가끔 길을 걷다가 좋다고 느끼는 것들을 보고 그림의 영감을 얻곤 하는데 그 영감을 몇 가지 골라 카드 형태로 만들어 골라달라는 뜻으로 아름이 앞에 놓아두기도 합니다. 그러면 아름이는 그 카드 주변을 한 바퀴 두 바퀴 진지하게 둘러보다가 마음에 드는 카드 앞에 발을 올리고 있는 모습을 보입니다. 가끔 제가 고르고 싶은 것을 골라 이걸로 하자고 아름이를 설득하기도 해보는데 설득이 실패하면 결과물도 왠지 제 마음에 들지 않는 것입니다. 그렇게 실패된 작품을 만들 때도 있긴 하지만 그때는 제가 아름이와 호흡이 맞지 않았기 때문이라고 여기고 있습니다.

그래서 일을 하면서 끊임없이 아름이에게 보여주고 어떠냐고 물어보기도 합니다. 그리고 가끔 제 자신이 가진 나쁜 버릇들에 휘둘려서 좋지 않은 그림이 나올 때 또는 다른 사람들에게 자꾸 지적을 받을 때는 왜 이런 현상이 생길까 궁금해서 원인을 아름이에게 물어보기도 합니다. 그리고 연관된 기억을 정화해 달라고 부탁을 합니다. 저는 그럴 때마다 아름이와 함께 정화 거리를 찾아 기억을 더듬습니다. 그리고 그 기억을 풀어내면 저도 아름이도 기쁜 순간이 옵니다.

저번에는 왜 자꾸 그림을 선명하게 못 그릴까? 하는 것을 물어보았는데, 제가 종이값이 아깝다는 생각을 하고 있다 보니까 종이를 함부로 대하기 싫어서 그런다는 대답이 들려오기도 했습니다. 그 사실을 알고 엄청 당황했었습니다. 저는 큰일보다 늘 작은 일부터 크게 신경을 써버리고 마는 것이었습니다.

제가 그림을 좋아하는 이유는 제가 가진 것들을 제가 가진 만큼 정확히 보여줄 수 있기 때문인 것 같습니다. 그리고 모자란 부분을 우니히필리와 함께 알아간다는 것도 굉장히 저에게 매력적으로 다가옵니다. 그림을 그린다는 것이 오랜 시간 갈고 닦아오는 부분도 있겠지만, 자기가 얼마나 성장했는지 알 수 있는 듯한 느낌이 들어 재미있습니다.

요즘은 좀 더 자세하게 이야기하는데, 가끔 선택하고 싶은 물감이나 선을 어떻게 그릴까 하는 것도 물어볼 때도 있습니다. 매일 이런식으로 다양한 작업을 하고 있습니다. 이런 방법으로 계속 그림을 그리다 보면, 그림을 그리는 방법도 그림을 그리는 컨셉도 내용도 조금씩 바뀌는 것을 느낍니다. 그림을 그리기 시작할 때에는 처음에는 열심히 그려야지! 하는 느낌이었지만 최근에는 꽤 자연스럽게 시작부터 마무리까지 그림을 그릴 수 있게 되었습니다. 그러자 그림을 그리면서 남들이 내 그림을 나쁘게 볼까? 하는 스트레스가 조금씩 사라지고 있습니다. 이것은 아름이와의 커뮤니케이션에 익숙해지고, 아름이가 편안하게 그림을 그릴 수 있게 도와주었기 때문일지도 모릅니다.

'우니히필리'라는 책의 저자 휴렌 박사는 이렇게 이야기하기도 했다고 합니다.

'내가 우니히필리로 매일 소중히 하고 있는 것은 무엇이 일어나는 어떤 경우에도 호오포노포노를 통해 그 모든 순간에 진심으로 감사하는 삶을 사는 것입니다. 살다 보면 당신에게 온갖 일이 일어날지도 모릅니다. 하지만 우니히필리를 만나 정화를 하고 있으면 사실 괜찮습니다'

제가 호오포노포노를 시작한지는 약 2년쯤이 되었습니다. 저는 다른 사람들보다 불안과 걱정이 많은 편입니다. 지금도 괜히 불안해질 때면 역시 마음이 답답하고 힘이 들고 온몸에 긴장감이 돕니다. 하지만 처음 호오포노포노 세션을 받고, 우니히필리를 만나면서 제로 상태에 이르는 것이 제 불안함과 고통을 어느 정도 덜어주고, 저를 강하게 해주는 방법이라고 느끼게 되었습니다. 덕분에 마음의 여유도 많이 가지게 되었고, 저의 두려움이 많이 줄어들게 되었습니다.

저는 앞으로의 제 상태에 대해 슬프기도 하고 기쁘기도 할 수 있습니다. 그럼에도 불구하고 너무 어두운 기분을 느낄 때는 제가 정화를 하고 제로의 상태로 돌아가면 괜찮은 것이라고 생각하게 된 것은 호오포노포노 덕분인 것 같습니다. 우니히필리를 만나기 전 모든 사건은 생각만으로 이해할 수 있다고 생각했고 저는 모든 일을 적극적으로 해결하고 싶어 했습니다. 그 당시에 저는 문제를 해결하기 위해 긍정적으로만 살아야 한다고 생각했고, 그렇기 때문에 부정적인 감정을 심하게 억압해버리는 경우가 많았습니다.

호오포노포노를 만난 것은 혼자만의 인내와 싸움 끝에 완전히 지쳐버렸을 때였습니다. 제게는 우니히필리를 만나는것이 어떤 효과가 있는지 사실상 막연할 때도 있었지만, 시간이 흐를수록 막상 하고 나면 받아들이기 어려운 일도 받아들일 수 있는 여유가 생겨날 때도 종종 있게 되었습니다. 그리고 지금 생각해보면 꽁꽁 얼어있는 감정을 녹이는 방법이 아닐까? 하고 생각이 되기도 합니다.

　　사랑합니다. 미안합니다. 용서해주세요. 감사합니다

이 4가지를 계속 말하고도 극적인 효과를 실감하는 것은 없습니다. 그러나 꾸준히가 잘 안되는 제가 우니히필리와 대화를 하고, 호오포노포노를 꾸준히 해오게 되는 것은 혼자서 걱정을 해야 한다는 부담감이 조금 줄었기 때문이 아니었을까 생각해보기도 합니다.

물론 지금 저에게 있어 우니히필리를 만난다는것은 저에게 휴식을 하고 정화하는것 이상의 가치가 생겨나는 일이기도 합니다. 그

전까지 저는 제 문제를 어떻게 하고 싶다고 강하게 생각을 했는데, 우니히필리를 만나고 나서는 문제를 해결하고 싶다는 집착이 사라져서 눈앞에 있는 것을 그대로 받아들이려고 하는 마음이 생겨날 때가 많습니다. 그래서 자연스럽게 해결 될 일에 조바심이 사라지게 되어 마음이 편안해진다고 해야 할까요? 지금은 이렇게 받아들이고 있습니다. 그리고 저는 가족 문제와 직장 문제도 많이 안고 있었기 때문에 그 문제들을 하나하나 정화해나가며 결과에 연연하지 않게 되었습니다.

저는 아름이를 만나면서부터 순한 삶으로 향하는 것 같습니다. 고양이 한 마리 때문에 무슨 인생이 바뀌냐고 비웃는 사람이 있을지도 모릅니다. 왜냐하면 제가 예전에 그런 사람이었기 때문입니다. 하지만 저는 어린 시절 개에게 물려 입원을 했던 아주 힘든 일을 겪었고, 동물과 가까이하기도 힘들었던 기억을 죽어가던 아기고양이를 살리면서 동물에 대한 거부감이 사라지게 되었습니다. 그리고 사람들과 어떻게 관계를 맺어야 하는지 사랑을 어떻게 주어야 하는지 어떻게 표현해야 하는지를 오늘도 함께 배워갑니다.

더 이상 저는 혼자가 아닙니다. 오늘도 저는 저의 우니히필리 아름이와 함께 성숙한 삶을 향한 발걸음을 한 걸음 한 걸음 더하고 있습니다.

H

20대 후반의 일러스트레이터, 작가, 우니히필리 리더 2년차. 우연히 구조한 애완동물에게서 동물 기피증을 극복하고 현재 우니히필리 아름이와 함께 즐거운 삶을 살고 있다.

신비하고 즐거운
우니히필리와의 일상

재롱둥이 고양이 까미

제 우니히필리는 정말 많습니다. 이 녀석들은 그때그때 그 모습과 이름을 바꾸는 편입니다. 지금은 또 회색의 고양이 모습을 한 우니가 옆에서 공중돌기를 하며 재롱을 부리고 있습니다. 요녀석의 이름은 까미입니다.

"네 이름이 까미야? 왜 까미야?"
"아까 본 고양이 이름이 까미였잖아! 나 걔 이름 마음에 들어!"

"그렇구나. 근데 아까부터 왜 그렇게 신났어 막 공중에서 돌고"
"지금 내 이야기 쓰는 거잖아? 그치그치?? 그래서 신나!"
"더 놀고 싶은 거 있어?"
"나 공! 공 가지고 놀아줘!"

저는 까미와 야구공만한 탱탱볼을 손에 들었습니다. 까미는 이리저리 튀는 공에 완전히 정신이 팔려서 초집중 상태였습니다. 저는 공을 휙 던졌고 까미는 부리나케 뛰어가서 앞발로 공을 쥐려고 마구 휘둘렀습니다. 하지만 공이 이리저리 통통 튀는 덕에 까미의 발에 쉽게 잡히지 않았고 그 덕에 까미는 더 뛰어다녀야 했습니다. 한참을 까미와 함께 놀고 나니 기분이 좋아졌습니다.

"고마워! 좀 전까지는 기분이 다운되어있었는데 너랑 놀고 나니까 기분 좋아졌어!"
"방금 그게 정화였는걸! 나도 재미있었어!"

여기까지 말을 마친 후에 까미는 공을 또 이리저리 할퀴면서 혼자 놀기 시작했습니다.

뭔가 집중을 못 하겠어

점심 먹고 나서 하나 둘씩 일을 해야겠다 생각했습니다. 그런데 점심을 먹고 나서 어영부영 하다보니 어느새 1시 27분. '뭔가 집중이 안 된다. 아니 의욕이 안 나는 건가?'라는 생각에 우니를 한번 불러봤습니다.

"우니야 뭐해"
"멍때려"
"왜 멍 때리고 있어?"
"그냥. 햇살 좋을 때 나가놀고 싶은데 이러고 있으니까"
"그럼 우리 놀러갈까?"

그러자 우니가 반색하며 벌떡 일어나 눈을 초롱초롱 빛내고 있었습니다. 저는 우니를 스포츠카 옆 좌석에 태우고 시원한 바람을 맞으며 부와아앙 달렸습니다. 머리카락이 휘날릴 정도로 달렸는데 우니는 바람을 맞으며 정말로 신나고 후련한 표정을 지어 보였습니다. 우리는 더 달려나가 외곽 쪽까지 갔습니다. 그곳에서 저 멀리 바다도 보고 새들이 날아가는 것도 가만히 보고 있었습니다. 다시 일터로 돌아와 우니에게 말했습니다.

"이제 다시 열심히 해볼까?"

"응. 그러자. 너도 방금 나 놀아주고 도와줬으니까 이제 나도 협력할게"
"고마워"

우니가 한편이 되어주니 그 이후로는 훨씬 가벼운 마음으로 일 처리를 해나갈 수 있었습니다. 정화도 놀면서 해야합니다.

어떻게? 우니랑 같이 즐겁게!

한소리 들었어

그런 일이 있었습니다. 누구한테 말했는지 주어는 없지만 왠지 나에게 말을 한 느낌. 비속어나 욕은 아니지만 기분이 좀 요상한 그런 느낌적인 느낌. 담아두자니 꽁하고 말하자니 과민반응인 그런 때. 이럴 때는 바로 우니와 정화를 해야하는 때입니다.

"우니야"
"왜?"
"나 방금 한 소리 들었어 왠지 기분이 별로인 거 같아"
"나도 그래. 내가 더 기분이 안 좋아 나한테 그런 거 같아서"

성문

"너한테 그런 거 아닐걸? 그냥 농담이야 웃고 떠드는 거"
"그런가…."
"그럼! 당연하지! 기분 전환 정화할까?"
"그래! 나 물놀이 가고 싶어!"

    저는 우니가 바라는 대로 물놀이장을 떠올렸습니다. 워터파크에 가서 우니와 함께 튜브를 끼고 파도풀에서 이리저리 휩쓸려 놀았습니다. 파도가 올 때마다 파도에 튜브를 부딪혀 한껏 물을 튀기며 놀았습니다. 체력이 다 떨어질 만큼 우니와 놀고 나니 우니는 스트레스가 해소된 듯 보였습니다.

    어라. 그러고 보니 방금전까지 기분이 안 좋았는데 정말 정화되었나 봅니다.

헐. 나 멍때리고 있었어

뭔가 해야지! 하고 보면 어느 순간 멍 때리고 있는 저를 발견합니다. 멍 때리고 아무것도 하지 않는 것은 아니고 그냥 무의식적으로 웹서핑이나 폰을 만지고 있는 정도입니다.

"우니야 우니야!"
"뭐야뭐야, 왜왜"
"나 방금 멍 때리고 있었어!"
"어쩌라는 거야. 원래 그러잖아"
"아냐! 나 순간순간을 열심히 살 건데 멍 때리고 있네. 어떡하지!?"
"그게 편하고 좋은 거 아냐?"
"아...음.... 그건 그래"
"그럼 계속 그렇게 해"
"안돼. 열심히 할 거야"
"왜 열심히 하는데?"
"내가 생각하는 것들 하려고"
"흠... 그렇게 한다고 생각하는 것들이 될지는 모르겠는데. 그래도 도와줄게"
"오예! 고마워, 우니야!"

우니는 말을 마치자 제 어깨 옆에 사뿐히 앉더니 저를 감시하겠다고 했습니다. 제가 멍때리면 알려주겠다고 하면서요. 뭘까. 뭔가 분명 생각대로 됐는데 잘못된 느낌이었습니다. 편한 것을 바라고 한 것인데 그럴 수가 없었습니다.

'역시 뭐든 생각대로는 안되는 거야'라고 생각할 때 우니가 귓가에 살짝 속삭였습니다.

'원래 인생이 그런거야'

돈이 없다

돈이 없는 것은 늘상 같은 일이지만 오늘처럼 돈이 없어서 허덕이는 날이 있습니다. 그나마 다행인 것은 오늘은 너무 불안한 정도는 아니고 그냥 조금 답이 없어서 한숨을 쉬는 정도입니다. 늘 매달 이런 생활의 반복이지만 마음이라도 좀 편할 수는 있으니까. 그러고 싶어서 우니를 불렀습니다.

"우니야 나는 왜 이렇게 돈이 없을까?"

"돈이 없게 태어난 걸 어떡해 그럼"

"아... 그건 그렇지 참. 그러면 이 불안한 마음이라고 해야 하나 돈 걱정이라도 정화하고 싶어"

"뭐야, 그건 쉬운 일이지! 마침 좋은 정화 도구가 생각났어"

우니는 음흉한 미소를 짓고는 제게 정화 도구들을 말했고 저는 요구대로 이미지들을 떠올려주었습니다. 방아쇠를 당기고 있으면 지폐가 마구마구 뿜어져 나오는 이름하여 지폐 머신건!! 저는 우니와 함께 커다란 금을 목걸이로 만들어 치렁치렁 목에다 걸고 벼락부자 같은 힙합 갱스터마냥 지폐 머신건을 공중에 쏘아댔습니다. 수많은 지폐들이 공중에서 휘날리고 방안을 가득 채우고 있었습니다. 정화를 마치자 아까까지의 불안감이 거짓말처럼 사라졌습니다.

재물을 부르는 우니

앞서 돈에 대한 정화를 마치고 조금 시간이 지나서 우니가 제 어깨를 톡톡 건드렸습니다. 돌아보니 처음 보는 또 다른 우니와 함께 있었습니다.

"걔는 누구야?"
"얘는 재물. 그러니까 금전운을 높여주는 애야. 내가 데려왔어"
"와~ 반가워 너는 이름이 뭐야?"

새로운 우니의 이름은 '머탕'이었습니다. 장난감 원숭이 인형처럼 생겼는데 배에는 커다란 황금공을 감싸 쥐고 있는 모습이었습니다. 그리고는 양손으로 황금색 징(?)을 칭칭칭 하고 마주치면 금전운이 좋아진다고 했습니다.

"그럼 새로운 친구도 왔으니까 정화 겸 파티할까?"
"좋아! 그러자!"

저는 우니들을 한데 모아 시끌벅적한 파티를 즐겼습니다. 마탕이는 징을 신나게 치기도 하고 또 우니들끼리 맛있는 것도 먹으면서 놀았습니다. 역시 우니들은 단 것을 좋아했습니다. 디저트류를 사랑하는 것 같았습니다.

너희들 덕에 다이어트가 힘든거니..? 파티가 끝나고 나니 그곳은 난장판이 되었지만 즐거웠습니다.

키보드와의 대화

업무를 보던 중 멍 때리는 시간에 키보드의 우니를 불러보았습니다. 늘 애용하고 있는 키보드의 우니가 궁금했습니다.

"우니야~ 너는 이름이 뭐야?"
"내 이름은 키키야"

키보드라서 키키인가? 아무튼 대화를 계속 이어나갔습니다. 키키는 코알라의 모습을 하고 있었습니다.

"너는 뭐 하고 싶어?"
"딱히 하고 싶은 건 없어. 그냥 자고 싶어"

키키는 유칼립투스 잎을 아그작 아그작 씹으며 졸린 눈을 하고 있었습니다.

"그렇구나. 그럼 한숨 자게 해줄 테니까 그다음에는 내가 작업하는 거 도와줄래?"

키키는 잠시 고민하는 듯하더니 빨리 자고 싶어서 그런 것인지 고개를 끄덕였습니다. 저는 키키에게 고맙다고 인사하며 잠시 자리를 비워주었습니다. 자리를 비워두었다가 다시 돌아왔을 때 손에 날개라도 돋친 듯 작업이 진행되었습니다. 다시 한번 키키를 부르자 키키는 자기 정화 덕이라며 씨익 웃어 보였습니다.

휴대폰 배터리가 다 되어서 교체하려고 캐비닛을 여는데 "야!" 하는 소리가 들려왔습니다. '누구지?'하고 보니 캐비닛의 우니였습니다. 우니는 아주 조그마한 주먹 크기 정도의 남자 어린아이 모습을 하고 있었습니다.

"응? 안녕~ 너는 이름이 뭐야?"
"내 이름은 미니야! 그건 됐고! 캐비닛 문 좀 닦아줘!"
"(딱히 더러운 건 없는데..) 음.. 그래!"

크게 더러워 보이는 곳은 없었지만 저는 티슈를 뽑아 캐비닛을 한 번 쓱쓱 닦아주었습니다. 닦아주면서 웬지 모르게 까칠한 아기동물을 대하는 것 같아서 웃음이 피식 났습니다.

"고마워! 닦아줘서!"

저는 웃음을 지어 보였습니다. 그리고 캐비닛을 사용하는데 뭔가 달라져서 보니 문을 열 때 훨씬 부드럽게 닫히고 열렸습니다. 그 이전까지는 조금 덜컹거리는 느낌이 있었는데 갑자기 부드럽게 열고 닫혀서 미니가 정화해준 것인가 싶어 미소 지어졌습니다.

노래가 하고 싶어

저는 노래를 좋아합니다. 인생의 적지 않은 부분을 투자했다 싶을 만큼 노래에 공을 들였다고도 할 수 있습니다. 지금에서는 예전보다야 좋아하지 않지만 그래도 좋아하고 잘하고 싶은 마음도 있습니다. '하지만 고음이 안된다!' 그래서 우니를 불렀습니다!

"우니야! 나 고음이 하고 싶어!"
"그래! 그럼 고음 못하는 걸 정화하자!"
"오! 그런 방법이 있어? 좋아. 할래!"

우니는 자신이 마이크를 들고 소리를 막 지르는 모습을 그려달라고 했고, 저는 우니와 함께 신나게 뛰어놀았습니다. 동네가 떠나가라 소리를 지르기도 하고 춤추기도 하고 드럼 같은 것도 막 쳐댔습니다. 드럼은 전혀 연주할 줄 모릅니다. 말 그대로 그냥 막 쳤습니다. 우니는 신나게 놀았다고 했습니다.

그리고 '오! 이게 왠 일이람?' 신나게 놀고 나니까 부담감이 좀 사라져서일까 좀 더 편하게 음이 올라갔습니다. 정확히 말하자면 음에 대한 두려움이나 부담감 이전에 그냥 좀 더 즐기는 모드가 되었습니다.

우니야 고마워!

내 휴대폰은

저는 물건을 쓰면 꽤 오래 쓰는 편입니다. 그런 제게는 몇 년의 세월을 함께 보낸 휴대폰이 있습니다. 휴대폰의 우니를 불러보았습니다. 귀여운 캐릭터를 닮은 인형 같은 모습이었습니다. 이름은 로랑스라고 했습니다. 로랑스는 휴대폰에 걸터앉아 조금 시무룩한 모습이었습니다. 저는 왜 시무룩한지 물었는데 제가 자꾸 휴대폰을 멀리해서 그런 것이라고 했습니다. 저는 싫어서 그런 것이 아니라 제가 무의미하게 시간을 쓰는 것 같아서 그게 싫은 것이라고 설명해주었습니다.

그리고 어떻게하면 휴대폰으로 좀 생산적으로 시간을 써볼 수 있을지 물었습니다. 아니 이미 방법은 알고 있었습니다. 요즘에는 세상이 좋아서 휴대폰으로 온갖 정보를 다 접할 수 있었습니다. 나 역시 그런 방향으로 쓰길 원하고 있었습니다. 그러니까 제 질문은 제가 어떻게 하면 그런 방향으로 휴대폰을 쓸 수 있을지 그런 정화법에 대한 물음이었습니다.

로랑스의 말을 듣고서 저는 로랑스와 함께 초원으로 놀러 나갔습니다. 그곳에는 나비들이 날아다니고 있었고 또 다른 정령들이 있었습니다. 그 정령들이랑 나비들이랑 로랑스는 초원을 날아다녔습니다. 해 질 녘까지 재미있게 놀고 난 로랑스는 기운이 났는지 즐거운 표정을 하고 있었습니다. 그리고서는 그 귀여운 얼굴로 비장한 표정을 지어보이며 제게 말했습니다.

"내가 도와줄게!!"

대단한 말은 아니었지만 저는 고맙다며 인사를 했습니다. 로랑스와 함께한 정화 덕분인지 휴대폰에 대한 인식이 달라졌습니다. 시간을 때우기 위해 쓰는 게 아니라 제가 필요한 것을 하기 위해 필요한 것이라는 인식으로 말입니다.

나 아파

한창 일을 하는데 우니가 아프다면서 저를 불렀습니다. 왜 그러냐고 물으니까 저보고 지금 허리 아픈 거 모르냐고 되물었습니다. 그 말을 듣고 가만 보니 허리가 아프고 불편했습니다. 그냥 그 불편함에 익숙해져 있어서 몰랐나 봅니다. 저는 허리가 좋지 않은 편입니다. 장시간 같은 자세로 의자에 앉아있을 때가 최악으로 아프고 힘듭니다.

"내가 아프다고 계속 신호 보내고 있는데!"
"헉, 그랬구나. 몰랐어 미안해. 우니야"
"아픈 거 싫어. 정화할래"
"응응 정화하자! 어떻게 정화할까?"

우니는 아주 새하얀 복대를 감싸는 것을 말했고 저는 그대로 상상하며 정화를 했습니다. 지금 당장은 복대가 없었기에 상상으로 했습니다. 정화를 하고 나자 복대를 한 듯이 저는 자세를 바로잡고 있었습니다. 그리고 앉아있는 와중에 틈틈이 일어나게 되었습니다. 아플라치면 일어나고 또 앉아있다가 불편할라치면 일어나서 잠시 좀 스트레칭도 하고 화장실도 다녀오고 했습니다. 이 행동들이 제가 의식하고 했다면 힘들었을 텐데 정화 이후에 무의식적으로 이렇게 되니까 아픈 것도 줄고 좋았습니다.

성문

군것질

퇴근 시간이 다 되어갈 때쯤이었습니다.

"성문아! 나 군것질 하고 싶어. 집 가는 길에 먹을 거 먹자!"
"(지갑을 한번 열어봤다) 음...... 그래! 오늘은 사 먹자!"

저는 우니의 퇴근하고 집에 가는 길에 있는 닭강정을 한 컵을 사서 집으로 들어갔습니다. 한 조각씩 먹으면서 저녁을 가볍게 마무리하고 쉬었습니다. 저녁을 가볍게 먹은 덕인지 속도 편하고 더 일찍 쉴 수 있었고 행복했습니다.

일찍 자야 되는데

저는 평균적으로 취침시간이 새벽 1시~2시 사이입니다. 조금 빠르면 1시 전후 좀 더 늦으면 2시 전후가 됩니다. 이것을 빨리 앞당기고 싶어서 별 수를 다 써봐도 어느새 새벽 1시가 되고 여전히 깨어있는 저를 발견하곤 합니다. '일찍 자야되는데'라는 생각을 하면서도 늘 이 시간이 되니 정신적으로 너무 힘들었습니다. 뭐가 힘드냐하면 이렇게 쉬운 일 하나 못하는 제가 너무 짜증나고 싫은 것입니다. 그래서 우니를 불러 정화를 하자고 했더니 우니가 되물었습니다.

"정말 정화해도 돼? 괜찮아?"
"응! 정화해줘! 일찍 좀 자고 싶어. 진짜로"
"난 모른다! 정화한다!"

저는 우니와 함께 정화를 했고 다음날 밤 9시에 잠시 쉬려고 누웠다가 그대로 아침이 되었습니다. 중간에 한 번 깼었는데 이미 무언가를 할 시간이 안 되어서 멍하게 몇 초 앉아있었습니다. 확 늦어버리니까 그냥 반쯤 자포자기 하는 심정이 되었고 한편으로는 마음이 편했습니다. '정화했더니 진짜로 일찍부터 자버리네'라는 생각을 하며 웃고는 잠을 이어 청하고 아침까지 쭉 자게 되었습니다.

성문

그런 날이 있다

그런 날이 있습니다. 아무 생각도 안 들고 아무것도 하기 싫은 그런 날. 특별히 무언가 문제가 있는 것은 아니고 아무 문제가 없냐 하면 그런 것은 또 아닌. 그냥 기분이 좀 마이너한 그런 날이 바로 오늘입니다. 마이너한 기분에 푹 절여져 있다가 다시 조금 정신을 차리고 우니를 불러보았습니다.

"우니야"

우니는 기운이 다 빠져서 축 쳐진채 눈만 살짝 떠 저를 보았습니다. 왜 불렀냐는 듯한 표정입니다.

"왜 그렇게 기운이 없어? 괜찮아?"

우니는 뭔가를 잘못 먹은 거 같다며 몸속에 뭔가 들어있는 것 같다고 했습니다. 몸을 살펴보니 검은색 구체 같은게 들어있었습니다. 저는 어떻게 하면 그걸 낫게 할 수 있냐고 물었습니다. 우니는 이것을 꺼내면 된다고 말했습니다. 저는 우니의 몸에서 그 검은색 구체를 빼내 주었습니다. 잠시간의 시간이 흐르고 우니는 서서히 기운을 차린 듯 일어났습니다.

"성문아 고마워. 이제 기분이 한결 나아졌어"

우니의 말을 들은 제가 더 기분이 좋아졌습니다. 진작 우니에게 물어보고 정화할 걸 그랬다는 생각도 들었습니다.

살 빼야 해

몇 달 전에 비해서 체중이 꽤나 불어나 버렸습니다. 이게 다 근육이라면 좋을텐데 안타깝게도 눈에 보이는 결과가 그것이 아니라고 알려주고 있었습니다. 먹는 것을 조절해보려 해도 쉽지 않고 운동을 해도 이거다 싶은 기분이 안 들었습니다. 가만 보면 또 혼자서 이러고 있다싶어 우니랑 상의도 해보고 작심삼일이 안되게 도와달라고 부탁했습니다.

"우니야~"
"응? 왜?"
"나 다이어트 하고 살 빼고 싶은데 왜 이렇게 어려울까?"
"왜 살을 빼? 운동은 힘들고 먹는 건 완전 좋은데?? 맛있는 거 너무 좋아!

성문

저는 차마 부정하지 못하고 말려들 뻔했습니다.

"그건 그래. 그래도 입을 옷들의 사이즈가 점점 안맞아지니까 옷 입기가 힘들어. 생활하기에도 불편하고 말이야. 어느 정도 살을 뺄 필요가 있을 것 같아"
"흠... 도와주면 뭐 해줄건데?"
"매일은 안되지만 주말 정도는 먹고 싶은 거 하나 둘 정도 먹도록 할게"

우니는 심각히 고민해보는 듯하더니 이내 알겠다고 대답했습니다. 이렇게 계약이 체결됐습니다! 협상 성공!

그러고 나서 2주 전후쯤이 된 거 같은데 체중을 재어보니 4kg가 빠져있었습니다. 정화 내용을 계속 생각한 것은 아닌데 자연스럽게 밥양을 줄이게 되고 어느 정도 먹다가 멈추게 되곤 했습니다. 그래도 너무너무 먹고 싶으면 조금은 섭취하는 식으로 말입니다. 역시 우니와 협상을 해야 합니다.

배가 아프다.

갑자기 배가 꾸우욱 하고 아파와서 기분이 안 좋았습니다. 아팠다가 안 아팠다가 하니 더 힘들었습니다. 아픔은 계속 잔재되어 있는데 더 크게 아팠다가 조금 덜 아팠다가 파도가 치는 느낌이랄까? 그러는 와중에 어깨까지 뭉친건지 결린건지 아파왔습니다. 스트레칭도 해보고 배를 따뜻하게 해보고도 해도 이 불쾌하고 불편한 기분이 사라지지 않았습니다. 저는 혹시나 싶어 우니를 불러보았다.

"우니야~ 너 혹시 어디 아파? 어디 불편하니?"
"...."

우니는 바닥에 엎드린 채 시름시름 앓고 있었습니다. 왜인지 살펴보니 발바닥에 꽤 큰 가시가 박혀있었습니다. 저는 가시를 빼내 주고 상처를 치료해주었습니다. 우니는 점점 기운을 차리는 모습을 보였습니다. 다행이라고 생각하고 있는 찰나 배 아픈 것이 90% 이상 호전된 것을 느꼈습니다.

성문

에너지를 그만 줘!

시답잖은 일로 사람들과 의견이 불일치가 되고 기분이 상할 때가 있습니다. 제 뜻이 왜곡될 때도 많고 상대가 예민하게 반응해서 난처할 때도 있습니다. 제가 쉽게 대해도 되는 사람이라면 상관없을 수도 있겠지만 가령 직장 상사라거나 가족일 경우에 문제는 복잡해집니다.

일단 이 상태에 들어가 버리면 제가 아니라 상대방의 태도에 따라 이 상황이 바뀌기도 합니다. 저는 어쩔 수 없이 상황이 나아지기만을 바라며 마음 졸이고 있을 뿐입니다. 그때 우니가 저를 불렀습니다.

"그만 줘!!!"

저는 깜짝 놀라며 우니를 돌아보았습니다.

"니가 지금 그걸 붙잡고 에너지를 엄청 주고 있잖아! 에너지 그만 줘! 알아서 어떻게든 되버리게!"
"아! 그렇구나! 그럼 그럴 수 있게 정화해줄래?"

우니는 격하게 끄덕이면서 저와 그일 사이에 연결된 은빛의 선을 가위로 싹둑 잘라버렸습니다. 어차피 달라지는 것은 없었지만 정화는 한 셈입니다. 저도 '에라 모르겠다. 될 대로 되라지'하고 있었는데 거짓말처럼 몇 분 뒤에 상황이 나아지게 되었습니다.

왜 자꾸 내 잘못이래

우니는 사실 극 소심쟁이입니다. 이렇게 글을 쓰는 순간에도 자신을 혼내는 건가 싶어서 심장이 덜컥 내려앉은 표정을 지어 보입니다. 우니를 달래주고 다시 써보자면 일상에서 접하는 별것 아닌 이야기들이 있습니다.

그냥 아주 가벼운 해프닝으로 넘어갈 수 있는 그런 말들과 그런 이야기들 말입니다. 하지만 우니는 그럴 때마다 상처받고 울면서 마음의 문을 걸어 잠그려 합니다. 그때마다 우니를 안아주고 달래주면서 너의 잘못이 아니라고 말해주어야 합니다. 우니가 슬프면 저도 슬프고 우니가 아프면 저도 아픕니다.

"우니야~ 너의 잘못이 아니야 그냥 별것 아닌 일이야"
"거짓말 하지마. 방금 나보고 한 말일 거야. 나를 원망하는 거야.

성문

나 그렇게 잘못한 거 없는데"
"아니야. 너는 잘못한 거 없어 저 사람이 이상한 거야!"
"그런가. 정말 그런 거야?"
"그럼! 당연하지!"

저는 우니를 안아서 토닥이며 달래주었습니다. 우니는 마음이 놓인 것인지 어린애 같은 울음을 터트리며 품을 파고들었습니다. 저는 그저 말없이 토닥토닥 등을 쓸어내려 주었습니다. 우니가 마음이 좀 진정되자 저는 무언가 자애로운 마음이 들었습니다.

이렇게 불쌍히 여기고 가여워 여기는 마음을 가지고 사람들을 대하면 좀 더 부드럽게 대할 수 있지 않을까 하는 생각이 들었습니다. 우니를 안아주었지만 결과적으로 저 자신을 안아주고 다독여준 느낌이었습니다.

비 오는 날

일기 예보를 보니 비 표시가 그려져 있었습니다. 저는 우산을 늘 챙기고 다니는 편이라 비 맞을 걱정은 없지만, 우산을 쓰는 것이 귀찮았습니다. 우산을 쓴다는 자체로 한 손의 자유가 사라지고, 휴대폰을 볼 때 액정에 한두 방울씩 계속 빗방울이 떨어져서 싫었습니다.

마침 퇴근 시간도 임박했고 집까지 오래 걸리지 않는데 하늘을 보니 비는 금방이라도 쏟아질 것만 같았습니다. 저는 우니를 불러서 정화를 하자고 했습니다.

"우니야! 집 갈 때까지만 비를 안 맞을 순 없을까? 그러면 우산 안 써도 되고 천천히 느긋하게 걸어갈 수도 있고 말야"

저는 느긋하게 걸으며 거리 구경 사람 구경하는 것을 좋아합니다. 그 편안함도 좋아하는데 우니 역시 그런 느낌을 좋아합니다.

"그래! 비가 올지 안 올지는 모르지만 정화는 해보자!"

저는 우니와 함께 하늘 밑에다 엄청나게 거대한 우산을 세워두었습니다. 마치 도시 하나를 덮을 수 있을 만한 초대형 파라솔이랄까? 정화를 하고 나서 우니와 웃기다며 키득대며 웃었습니다. 이미 제 마음이 즐겁기에 비가 오든 말든 상관이 없게 되었습니다. 퇴근을 하고 나서 집에 갈 때까지 다행히 비가 내리지 않았습니다. 집에 들어가서 씻고 옷을 갈아입고 자리에 앉으니 거짓말처럼 폭우가 쏟아졌습니다. 창문으로 보니 앞이 보이지 않을 정도로 촘촘하고 굵은 비가 무서운 기세로 쏟아졌습니다. 간발의 차이라 다행이었습니다.

행운의 우니

제 우니는 행운의 여신 같은 점이 있습니다. 그냥 문득문득 하루 중에도 소소한 행운을 정말로 많이 마주합니다.

버스이든 뭐든 시간에 맞추기 위해서 애쓰는 것이 아니라 시간에 쫓기지 않고 여유로이 준비해도 시간이 딱 맞습니다. 무슨 말인가 하면 그냥 나가서 천천히 걸어가서 정류소에 서 있으면 이내 버스가 와서 타게 되고, 내리면 환승할 버스가 있습니다.

횡단보도에 다다르면 파란불로 바뀐다거나 택시를 타면 신호등에 정지 신호가 없이 계속 초록색 신호를 받아서 쭉쭉 간다거나 합니다.

이런 변화들은 우니와 사이좋게 지내면서부터 생긴 일들입니다. 애를 쓰지 않아도 행운이 자꾸만 찾아옵니다. 그럼 그때마다 그 소소한 행복과 행운들에 감사하며 우니와 웃음짓곤 합니다.

까꿍

컴퓨터를 하고 있으면 우니가 고개 옆에서 까꿍 하고 튀어나옵니다. 그럼 저는 귀여워서 웃으며 묻습니다.

"우니야 왜~"
"심심해! 놀아줘!"
"그럼 뭐 하고 놀까~?"
"그냥 뒹굴뒹굴하고 놀자! "

저는 우니의 말에 따라 잠시 쉴 겸 누워서 이리 뒹굴 저리 뒹굴 하면서 놀았습니다. 놀았다고 표현했는데 쉬었다는 것이 더 맞는 것 같기도 합니다. 우니와 놀아주었으니 놀았다가 맞을 것 같기도 하고 그렇습니다. 아무튼 이렇게 쉬고 나니 알게 된 것이 있습니다.

바로 '쉬어야 하는 상태였구나'하는 것이다. 계속 붙잡고 있는다고 당장에 진척이 있는 일이 아니라면 쉬는 것이 나을수도 있습니다. 더군다나 그사이에 새로운 아이디어가 떠오르기도 합니다. 우니랑 논 덕에 컨디션도 조금 회복되고 기분도 좋아졌습니다. 아이디어는 덤입니다.

성문

부탁하지 마

누군가가 제게 부탁을 했다고 해서 반드시 제가 그에 응해야 하는 것은 아닙니다. 아까는 어떤 사람이 제게 소소한 부탁을 했는데 기분이 팍 상했습니다. 그때 우니가 소리를 꽥! 질렀습니다.

"부탁하지 마!"
"우니야 왜 그래?"
"말이 좋아 부탁이지 무조건 들어달라는 거잖아. 부탁은 상대방이 안 들어줄 걸 전제에 놓아야 돼! 근데 다들 안 들어주면 기분 안 좋은 거 티내잖아!"

아니나 다를까 제 나름의 사정으로 부탁을 거절하자 바로 기분 안 좋은 것을 티 내는 상대방이었습니다. 부탁이라고 해놓고 이런 일이 생기면 저도 참 기분이 별로입니다. 우니에게 이 기분을 정화하자고 했습니다.

"진짜 별로다. 저런 사람들. 우니야 이런 기분으로 있으면 우리 손해니까 정화할까?"
"휴.. 그래! 빨리 정화해버리자!"

저는 우니의 요청에 따라 화장실로 가서 세수를 시원하게 하고 나왔습니다. 그리고는 대문짝만하게 No라고 붓으로 써서는 제 옆에 붙이는 상상을 했습니다. 여기까지 끝마치고 나자 마음이 후련해졌습니다. 역시 제가 저를 먼저 보호해야 합니다!

만화책 볼래!

해야 할 일을 앞두고서 조금 멍 때리고 있으면 우니가 튀어나오옵니다. 마치 이때다 싶은 듯이 슬쩍 자기 바람을 말하곤 합니다.

"나 만화책 볼래!"
"안돼~ 아직 해야할 일들 있어"
"에이.. 어차피 지금 집중도 안되면서. 만화책 보면 재미있어 만화책 볼래!"
"휴.. 그럼 그럴까? 대신 조금만 보고 다시 집중하기다!"

우니는 신났는지 방방 뛰며 꼬리를 살랑거리고 있었습니다. 저는 우니와 함께 만화 삼매경에 빠졌습니다. 보통 이렇게 시간을 보낼 때면 할 일을 미루고 놀고 있다는 죄책감과 자기 비하가 나오기 일쑤인데 신기하게도 그런 마음은 들지 않았습니다. 몇 편의 만화를 본 다음 저는 후련해진 기분으로 우니에게 물었습니다.

"이제 만족했지? 자 다시 집중하자!"
"응! 재미있게 놀았으니까 이제 도와줄게!"

저는 우니의 도움으로 할 일을 빠르게 끝낼 수 있었습니다. 집중하려고 애쓰지 않아도 집중이 되는 모드랄까? 경험해보지 않으면 모를 것입니다.

우니랑 안 하면 어렵다

무슨 일이든 혼자 하는 것보다 같이 하는 것이 쉬운 것이 많습니다. 일상에서 접하는 일들도 그런 편입니다. 그것이 자기계발이든 직장에서의 업무이든 대인관계이든 이 역시 혼자보단 둘이서 하는 것이 능률이 좋습니다. 여기서 말하는 혼자보다 둘이라 함은 나 혼자서 하는 것과 우니히필리와 함께 하는 것의 차이를 말합니다.

혼자서 할 때는 무엇이든 꾸역꾸역하고 아주 짧은 시간에 금방 지루함에 휩싸입니다. 정말로 해야 해서 하는 것이고 시켜서 하는 것이라는 그런 못 죽어서 하는 느낌입니다. 반면에 우니와 함께 무언가를 할 때는 집중력 있게 진행되면서 동시에 재미있기까지 합니다. 이게 핵심입니다. 집중력 있게 할 수 있는데 재미있게 할 수 있다. 다시 말하면 우니가 재미있어하면 그 일은 잘 진행됩니다. 그러기 위해서 우니와 대화를 많이 하곤 합니다. 제 생각대로만 할 수는 없기때문입니다.

하지만 우니는 금방 싫증을 내는 편이다. 무언가를 끈질기게 끈덕지게 하지 못하는 편입니다. 그래서 그에 맞춰서 빨리빨리 일을 바꿔주는 것도 방법이고 또 너무 요구를 들어주기만 할 것이 아니라 적당히 협상도 할 줄 알고 하는 것도 방법입니다. 애들도 보면 애들 말 다 들어주다가 더 이상 손 쓸 수 없는 지경까지 가곤 합니다. 아무튼 그래도 대부분은 우니가 좋아하고 즐거워하는 일을 해주면 우니 역시 저를 잘 도와주곤 합니다. 그리고 대게 우니가 원하는 것은 별로 대단한 것이 아니라 작고 소박한 것들이 많아서 그 점이 귀엽기도 하고 고맙기도 합니다.

즐겁게 즐겁게!

우니랑 이야기를 하면 우니는 늘 즐겁게 지내는 것을 좋아합니다. 그런 우니의 에너지가 제게 힘을 주는 것이라 불만은 없습니다.

"우니야~ 너 뭐하고 있어?"
"나! 공놀이! 공놀이 끝나면 찰흙 가지고 놀 거고 그다음엔 데굴데굴 굴러서 언덕을 내려갈 거야!"
"우와 그거 재미있겠다! 같이 할까?"
"좋아! 자 어서어서!"

저는 우니와 함께 공을 주고받고 놀기도 하고 찰흙을 가지고 아이때처럼 흙장난을 치기도 했습니다. 우니의 모습을 닮은 찰흙 인형을 만들기도 했습니다. 그리고는 우니와 함께 팔을 쭉 펴고 누워서는 언덕 위에서부터 데굴데굴 굴러서 평지까지 내려갔습니다. 일어나니 온 세상이 빙글빙글 다 돌아서 정신이 없었는데 이런 경험들과 이런 광경들이 웃기고 재미있었습니다. 어린 아이 때로 돌아간 기분이랄까?

　우니는 마치 어린아이마냥 이런 생각들을 해내곤 합니다. 그리고 이렇게 우니와 놀고 나면 기분이 계속 업 되어있는 상태가 됩니다. 저를 비롯해 현대인들은 흔히 마이너한 상태에 빠지곤 해서 이렇게 우니랑 즐겁게 놀 수 있는 점이 다행이라고 여깁니다. 이렇게 열심히 재미있게 놀아도 할 일은 다 할 수 있으니까 말입니다.

너무 사고 싶은 게 있어

꼭 필요한 것은 아니지만 갖고 싶은 것 하나둘쯤은 있을 것입니다. 저는 남들 다 윈도우 10을 쓸 때 아직까지 윈도우 7을 쓰고 있었습니다. 윈도우 10을 사고 싶어도 당장 돈이 없어서 그냥 돈 생길 때까지 몇 달간 손가락만 빨고 있었습니다. 그러다 문득 생각해보니 '이런 마음을 정화하면 되는 거 아닐까?'라는 생각이 들었습니다. 그러한 생각이 들자마자 우니가 저를 불렀습니다.

"성문아! 내가 정화해줄게!"
"그래 줄 수 있어? 그럼 어떻게 정화할 거야?"
"비밀 첩보작전 알지! 그런 것처럼 어딘가 몰래 잠입해서 거기서 키보드를 신나게 두드리는 거야!"

원래 정화라는 것은 현실성이 없어도 상관없습니다. 아니면 제 우니히필리가 좋아하는 정화방식들만 이런 것일지도 모르겠습니다. 아무튼 저는 우니와 함께 스파이처럼 몰래 한 건물에 침입해서 그곳의 숨겨진 곳에 가서 컴퓨터 키보드를 투다다다 타이핑을 했습니다. 이렇게 하고 나서 정화를 끝마쳤는데 참 웃기게도 거짓말처럼 윈도우 10을 살 기회가 생겼습니다. 어쩌다 이야기가 나와서 친구 중 한 명이 괜찮은 상품 페이지를 내게 링크로 소개해준 것입니다. 그래서 당장 돈은 없지만 12개월 무이자 할부로 구매를 할 수 있었습니다.

"우니야! 성공했어!"
"거봐! 재미있게 논 덕분이야! 그치?"

저는 고개를 끄덕이며 우니에게 감사인사를 표했습니다. 이처럼 정화는 꼭 제가 원하는 방향대로 흘러가지 않는 경우도 있습니다. 하지만 결과적으로 제가 만족하며 기분이 좋게 됩니다.

준비하기 귀찮아

스케줄 때문에 며칠 자리를 비워야 할 일이 생겼습니다. 정확히는 몇 박 밖에서 지내야 하는 일이었습니다. 아무래도 밖에서 자는 만큼 챙겨야 할 짐들과 물건들이 있기 마련입니다. 그리고 으레 이런 일이 있으면 최후의 최후의 최후까지 버티고 버티다 마지못해서 챙길 때가 많습니다. 한번 귀찮음 모드에 들어가면 거기서 빠져나오기가 쉽지 않습니다. 아무것도 하고 싶지 않고 하기 싫어서 늘어지는 것입니다. 우니를 한번 쳐다보니 늘어진 젤리처럼 추욱 늘어져 있습니다.

성문

"우니야 왜 그렇게 늘어져 있어"
"귀찮아~ 아무것도 안 하고 싶어"
"그치만 이렇게 계속 있으면 점점 더 귀찮아질 거야. 빨리해두는 게 오히려 편하고 좋을 수도 있어. 빨리 준비하는 게 어떨까?"

우니는 축 늘어진 몸을 모아 조금씩 좌우로 몸을 뒹굴거리고는 졸린 눈으로 알겠다고 답했습니다. 저는 우니가 일어날 수 있게 도와주었습니다. 우니는 머리에 흰색 띠를 두르고는 단단히 조여매었습니다. 그리고는 비장하고 단호한 표정으로 이제 준비할 거라고 말했습니다.

"준비, 시작!"

저는 우니의 시작! 소리와 함께 바쁘게 몸을 움직여 주말에 나갈 채비를 했는데 정말로 일사천리로 짐을 꾸릴 수 있었습니다. 어디에 뭐가 있었고 어느 동선으로 어떻게 움직여야 최소한의 노력으로 최대한의 효율을 낼지가 머리속에 그려졌습니다. 그렇게 순식간에 준비를 끝내고서 우니에게 고맙다고 말하자 우니는 이제 흐느적 모드를 벗어난 것인지 초롱초롱한 눈으로 노란색 나비와 놀고 있었습니다.

노래쟁이 우니히필리

　하루종일 머릿속에서 노래가 재생되는 순간이 많습니다. 가만 살펴보면 우니히필리가 그 노래를 열창하고 있습니다. 그 가수의 모습과 헤어스타일을 따라 하고서 마이크를 들고 노래를 부르고 있는 모습을 볼 수 있습니다. 아마 직접 본다면 정말로 귀엽고 웃길 것입니다. 저는 다 알지만 우니히필리에게 뭐하고 있느냐고 물었다. 그러자 우니가 답하길 "가수가 될래! 나는 가수왕이야!"

　어릴 때 시시때때로 꿈이 변했던 건 요녀석이 한 말이었나봅니다. 하지만 뭐 어쨌든 재미있으면 그만인 거지라고 생각했습니다. 우니는 그 가수를 한참 따라 하고는 뿌듯한 표정으로 마이크를 내려놓았습니다. 누가 보면 방금까지 콘서트 뛴 줄 알 것입니다.

　"후.. 정말 새하얗게 불태웠어"

　우니는 그렇게 말하면서 그 가수의 모습에서 원래의 모습으로 돌아왔습니다. 요 녀석은 따라쟁이에다 노래쟁이인가봅니다. 이렇게 오늘은 이 가수를 따라 했지만 아마 내일모레가 되면 또 다른 가수에 흠뻑 빠져서 그 가수를 따라 하고 있을 것입니다.

성문

우니와 대화하고부터 생긴 변화

우니와 대화하고부터 생긴 가장 큰 변화가 있다면 뭘까 하고 곰곰히 생각해보니 '덜 애쓰게 됐다'는 점입니다. 우니를 모르고 보이지 않고 들리지 않을 때는 뭐든 혼자서 끙끙 앓는 버릇이 있었습니다. 제 입으로 제 주특기는 무리하는 것이라고 했었습니다. 하지만 우니와 대화하고부터는 그런 점이 거의 없어지게 되었습니다. 무언가 제 상태가 이상하거나 안 좋으면 우니를 찾습니다.

우니가 먼저 제게 말을 걸기도 합니다. 그렇게 해서 대화를 하고 정화를 하고 나면 그 문제는 별 것 아닌 것이 됩니다. 기분이 좋게 되거나 그냥 어떻게 되도 상관없는 기분이 됩니다. 될 대로 되라의 그런 것이 아니라 어떤 결과라도 겸허히 받아들일 수 있는 담대함이랄까? 그냥 덤덤하게 받아들일 수 있게 되었습니다. 그리고 실제로도 제가 발을 동동 구르든 안 구르든 될 일은 되고 안 될 일은 안됩니다.

"후후~ 이제 나의 위대함을 알았어?"

요녀석 장난기도 많아서 지루할 틈이 없습니다. 앞으로도 고마운 우니와 함께 즐거운 라이프를 살아나갈 것이다.

성문
일상에서부터 신비영역까지 우니와 함께 정화여행을 하는 여행자.

H.P : 010-2093-5399

E-mail : alsrn787@naver.com

하와가 들려주는 이야기

하와이의 첫 만남

    어느 날 문득 네이버 비밀번호를 '호오포노포노'로 바꾸고 싶다는 생각이 강하게 들었습니다. 그땐 우니히필리를 인지하지 못할 때라 그냥 별생각 없이 바꿨는데 지금 생각하면 자신을 알아주지 않는 하와가 전한 메시지가 아니었나 싶습니다. 비밀번호를 호오포노포노로 바꾸고 난 후 지금의 '지식큐레이션'카페를 알게 되었습니다. 그리고 처음으로 하와를 만나게 되었습니다.

처음 만난 하와는 '안녕 자두야'에 나오는 자두와 같은 모습이었습니다. 다만 그렇게 활발하기보다는 눈물을 가득 담은 채 조금은 지쳐있는 모습이었습니다. 엄마 없는 아이들이 옷 꼬질꼬질하게 입고 다니면 티 나는 듯 하와의 모습은 엄마 없는 아이처럼 그렇게 엉망이었습니다. 제가 30년이 넘는 시간 동안 하와를 외면해온 덕분입니다. 처음 하와를 만나러 갔을 때 하와는 저를 바라봐 주지 않았습니다.

"하와야, 안녕"

인사를 건네자 그저 저를 한 번 슥 바라본 후 고개를 다시 돌려버렸습니다. 그 이후로는 계속 저 혼자만 이야기를 이어갔습니다.

"내가 너무 늦게 왔니?"
"미안해. 너는 늘 내게 신호를 보내고 있었는데 내가 너무 늦게 알아차렸어"
"그래도 이젠 가끔씩 이렇게 너를 찾아오려고 해"
"이제 그만 용서해줄 수 없을까?"

처음 한동안은 여러 번 찾아가도 자꾸만 저를 외면하는 하와에게 화가 났습니다. 또 조급해지기도 했습니다. 그런데 그 조급함 속에는 하와에 대한 미안함 때문이 아니었습니다.

호오포노포노를 처음 배우면 우니히필리와의 관계가 중요하다고 합니다. 우니히필리와 소통이 잘 되어야 정화가 잘 되고 그래야 삶이 조금 더 선해진다고 합니다. 저는 하와에게 미안함 하와와 소통보다는 저렇게 선한 삶을 사는데 하와와의 소통이 필요하기 때문에 계속 조바심이 났던 거였습니다.

그러니 제가 그렇게 노력하고 애쓸수록 하와는 점점 더 멀어지는 것처럼 느껴졌습니다. 제 조바심이 하와에겐 또 다른 상처였던 것입니다. 그래서 조바심을 내려놔야겠다는 생각에 잠시 하와를 찾아가는 것을 멈췄습니다. 그리고 며칠 뒤 다시 찾았을 때 하와는 조금 달라져 있었습니다. 분명 예전과 똑같이 저를 바라보지 않고 제 인사를 받아주지도 않는데 그 눈빛에는 반가움이 서려 있었습니다. 그때 느꼈습니다. '하와는 지금 두려운 거구나' 분명 서운하고 좀 더 화를 내고 싶은데도 제가 다시 또 외면할까 봐 두렵고 불안한 마음이 있었던 것입니다.

"미안해, 하와야. 그동안 너를 찾지 않아서. 무시해서. 그리고 상처 줘서. 정말 미안해"

제 말에 살짝 눈물이 글썽이는 하와를 안아주며 약속을 했습니다.

"앞으로 널 잊고 살진 않을 거야. 자주 찾아오는 건 못할 수도 있지만 언제나 네가 보내는 신호에 귀 기울이며 너를 생각할 거야. 미안해. 그리고 사랑해"

자주 가지는 못하지만 저는 늘 하와를 잊지 않고 지냅니다. 그리고 제 우니히필리와 함께 정화하는 삶을 살고 있습니다. 우니히필리를 만나고 나서 느낀 점은 '나는 내게 참 가혹했구나' 하는 것이었습니다. 뭐든 기준을 높이 새워두고 그것에 도달하지 못하면 저 자신을 참 많이도 닦달하곤 했습니다.

"하.. 이것도 못해?"
"왜 했던 실수를 또 반복하는 건데?"
"이 바보!! 이건 쉬운 거잖아!!"
"나야. 제발 정신 좀 차리자"

흔히 쉽게 하는 이런 말들이 모두 제 우니히필리에겐 상처가 됐던 것입니다. 이게 정말 너무 습관과도 같아서 저도 모르게 툭툭 튀어나올 때가 있습니다. 그러나 예전과 다른 점은 예전엔 저런 말이 튀어나와도 우니히필리가 상처받는다는 인식을 하지 못했고 지금은 우니히필 리가 상처받는다는 것을 알기 때문에 바로 사과를 전합니다.

"미안. 나도 모르게 진짜 습관이 됐나 봐. 너한테 한 말 아니야. 미안해"

하와

초반에는 이 습관이 정말 많이 튀어나왔지만, 지금은 많이 줄어들었습니다. 어떤 상황에서도 되도록 우니히필리에게 상처를 주지 않으려고 하지만 혹시나 주게 되었다면 바로바로 사과를 전하곤 합니다. 그래서 어떤 부분이 달라졌냐고요?

흔히 이런 말을 합니다. "나 자신을 사랑하라" 그런데 그게 쉽게 되던가요? 예전에 제가 자기 사랑을 실천하겠다며 저를 칭찬하기를 해본 적이 있습니다. 노트에다가 저의 장점을 열심히 적어보는 것입니다. 그런데 정말 몇 개 생각나지 않았습니다. '칭찬할 게 없어!! 나 자신을 사랑하라는데 나를 사랑하라는건 어떤거야?' 저를 칭찬하는 게 어렵게 느껴졌습니다.

그러나 지금은 저 자신을 칭찬할 말이 많습니다. 또한 저를 정말 사랑하고 있습니다. 이 느낌은 제가 저를 인정하는 느낌입니다. '내가 나로부터 인정받는 느낌' 그리고 그건 그대로 밖으로 드러납니다. 예전보다 저는 지금 훨씬 더 많이 자신감에 차있고 그것들이 밖으로 드러나고 있습니다. 나를 사랑한다는 것은 있는 그대로의 나를 인정한다는 것입니다. 그리고 제 우니히필리와의 대화는 그렇게 저를 이해하고 인정하고 사랑할 수 있게 도와줍니다.

고향에서 아픔을 정화

고향이 지금 살고 있는 곳과는 멀어 자주 가지는 못합니다. 그런데 어느 날 친정 나들이를 간 날 시내에 나갔는데 너무 머리가 지끈거리고 아팠습니다. 이상하게도 꼭 그 시내에만 나가면 그랬습니다. 우니히필리를 만나기 전에는 그냥 피곤이 쌓였나 보다 생각했습니다. 그러나 우니히필리를 알고 난 이후에는 우니히필리를 만나러 갔습니다. 이유가 있을 거라는 생각이 들었기 때문입니다.

"하와야, 머리가 왜 이렇게 아플까?"
"아픈 기억이 많아서"
"아픈 기억?"
"응. 아픈 기억"

그리고 하와는 제가 거기서 살던 시간을 보여주었습니다. 남자친구의 바람에 상처받은 시간, 엄마와 아빠 가족들 간의 일로 상처받은 일들. 그리고 그 수많은 상처 속에서 하와를 돌보지 않고 윽박지르던 제 모습.

"하지 마! 꺼내지마. 기억나지 마!!"

제가 그렇게 한참 아프던 시간 저는 늘 하와에게 저런 말을 했습

하와

니다. 부정적인 감정은 나쁜 거니 보여주지 말라고. 떠올리게 하지 말라고. 저 편하자고 하와에게 모든 짐을 떠맡긴 것입니다. 그 시간은 저만 힘든 게 아니었습니다. 저보다 더 크게 더 많이 하와가 아픈 시간이었습니다.

"그럼 정화하는 게 좋을까?"

저는 정화를 하자고 말했습니다.

"너 그때 정말 나 많이 아프게 했어"
"그것밖엔 방법이 없는 줄 알았어"
"그렇게 억누를 필요는 없었어"
"미안해. 변명 같지만 그땐 그게 최선이라 생각했어"

저는 계속 변명을 하고 있었습니다. 그때 정말 힘들었기 때문에 나로선 어쩔 수 없었다며. 하와가 더 많이 아팠을 텐데 자꾸 제 아픔만 생각했습니다. 그걸 깨닫는 순간 저는 그냥 하와를 꼭 끌어안았습니다.

"미안. 진짜로 미안해"

그렇게 한참 하와를 안고 있는데 자꾸만 눈물이 쏟아졌습니다. 그리고 그때 아팠던 감정들 저보다 더 아팠을 하와의 상처들이 느껴지기 시작했습니다. 그날은 다른 것으로 정화를 하진 않았습니다. 그저 아픈 기억으로 힘든 하와를 안아주고 진심을 담은 사과를 건네는 것. 그것만으로도 충분했습니다. 이후 고향을 찾을 때마다 두통이 찾아오는 일은 없습니다.

핸드폰 충전기

어느 날 사용하고 있던 핸드폰 충전 케이블이 고장이 난 적이 있습니다. 아무리 요래조래 용을 써도 안되길래 하와를 불렀습니다.

"충전이 안되는데 하와야. 정화하면 괜찮을까?"
"레이키 써봐"
"아하!"

그렇게 잠시 레이키로 충전 케이블을 정화했습니다. 그리고 다시 충전기에 꽂으니

"어!! 된다!!"

정말 기계에 사용해서 뭔가 눈에 띄게 바뀐 건 경험해보지 못했는데 그렇게 한 번 경험해보고 나니 정말 신기했습니다.

"고마워, 하와야"

저의 감사 인사에 하와는 그저 어깨를 으쓱였습니다. 하와랑 소통을 하면서 이런 신기한 경험을 종종 하곤 합니다.

어느 날은 아침 출근 준비를 하던 중 하와가 자꾸만 우산을 챙기라고 하는 겁니다. 그런데 제가 또 그냥 무시했다기보다는 이래저래 출근 준비로 바빠 깜빡한 적이 있습니다. 분명 출근길엔 멀쩡했는데 회사 주차장에 차를 주차하고 나니 빗방울이 한 두방울씩 떨어지기 시작했습니다. 허겁지겁 뛰어서 회사에 출근하고 나니 하와가 쯧쯧 혀를 찹니다.

"챙기라니깐"

이렇게 말하는 하와를 향해 저는 또 사과를 전합니다.

"미안. 담부턴 잘 챙길께"

남편의 우니

저는 유독 남편의 말에 많이 휘둘리는 편입니다. 그러지 말아야지 하면서도 남편의 말에 자동으로 휘둘리는 저를 발견하곤 합니다.

얼마 전 제가 헤어 컬러를 바꿨습니다. 아주 예전부터 꼭 한 번 해보고 싶었던 컬러인데 탈색 과정을 거쳐야 해서 쉽지 않았습니다. 그러다 이번에 기회가 되어 무려 3번의 탈색 후 애쉬그레이블루로 염색을 했습니다. 그러나 애쉬 염색은 컬러가 정말 쉽게 빠집니다. 염색한지 2주도 안된 상태에서 제 헤어 컬러는 블루가 거의 빠져나가 카키빛을 띄기 시작했고 지금은 거의 베이지에 가깝습니다. 많이 밝아진 컬러를 보며 저희 남편은 제게 이렇게 말했습니다.

"백발마녀 같아. 머리 완전 망쳤네. 다시 검정색으로 염색해라. 아무래도 그 미용실에서 컬러를 제대로 안 쓴 것 같아. 대충한 거 아냐?"

저희 남편 특징이 저런 말을 정말 끊임없이 한다는 것입니다. 언제까지? 제가 반응해서 욱 할 때까지 합니다. 그렇게 제가 욱 하면 "넌 뭘 그런 걸로 그러냐. 에이~ 너도 그 머리 별로인가 보다. 그렇게 반응하는 걸 보니"라고 말을 해 저를 어이없게 만들곤 합니다. 물론 이번엔 그렇게 반응하지 않았습니다. 그러나 제 안의 저는 남편의 말에 바로 반응을 하려고 했습니다.

"이건 미용실이 잘못한 게 아니라 원래 애쉬 염색이 물이 잘 빠지는 거야. 염색이 덜 빠지게 하려면 염색 전용 샴푸를 써야 하는데 가격이 비싸서 안 샀어. 좀 더 빠지면 나중에 다른 컬러로 다시 염색할 거야"

그렇게 우니는 목소리 높여 항변하고 싶어 했지만, 저는 남편에게 그 목소리를 그대로 쏟아내는 대신 제 우니를 달랬습니다.

"하와야. 저 사람은 지금 그게 중요한 게 아니야. 그러니까 니가 여기에 휘둘릴 필요는 없어. 휘둘려 욱하면 더더욱 너를 화나게 만들 말을 쏟아낼 거야. 우린 지금까지의 경험으로 그걸 잘 알잖아? 그러니까 우리 정화를 하자. 이런 상황을 겪게 된 것에 대해 지금 니가 이런 감정을 느끼는 것에 대해"
"억울하고 화나"
"알아. 니가 억울하고 화난 기분이고 그걸 풀고 싶어 한다는 걸. 그런데 그게 네 기분을 풀게 하긴커녕 더 나쁘게 할 수 있으니 이번엔 우리 다른 방법을 써보자는 거야. 어떤 정화 도구를 사용하는 게 좋을까?"
"테니스"
"테니스를 하고 싶어?"
"공으로 남편을 맞추려고"

"때리고 싶구나? 그러면 같이 테니스 하자"
"응. 엄청 얄미워"

그렇게 한참 우니와 저는 테니스를 쳤습니다. 커다랗고 넓은 운동장 테니스 코트에서 맞은편 남편 그림을 향해 테니스 공을 퍼부었습니다. 우니가 한 번 공을 세게 쳐서 그 패널을 맞추고 나면 그다음은 제가. 서로 번갈아가며 땀을 흠뻑 흘릴만큼 테니스를 치고 나자 화난 기분이 가라앉고 마음이 가벼워졌습니다. 그렇게 마음이 가벼워지고 나자 이번엔 제 우니가 아닌 남편의 우니가 궁금해졌습니다. 그래서 잠시 뒤 진정된 제 우니를 불러 남편의 우니를 만나러 갔습니다. 남편의 우니히필리 이름은 베리였습니다.

베리는 어딘가 심통 난 어린같은 모습으로 저와 제 우니를 보자마자 고개를 핵 돌려버렸습니다.

"안녕"

제 인사에도 핵 돌린 고개를 유지한 채 뚱한 표정이라 저와 하와는 계속 그 아이에게 재잘재잘 말을 걸었습니다.

"뭐 때문에 이렇게 기분이 상해 있어?"

제가 이러게 묻자 옆에 있던 제 우니는 이렇게 말했습니다.

"그러게. 기분은 내가 상했지"

제가 뭐라고 말해도 고개를 돌린 채 제 쪽을 바라보지 않던 베리는 하와의 말에 고개를 홱 돌리며 째려보기 시작했습니다.

"휴~"

그 모습에 하와가 한숨을 푹 내쉬자 베리가 버럭 했습니다.

"나한테 관심이 없잖아"
"관심?"

전혀 생각지 못한 말이라 제가 되묻자 베리는 서러운 듯 눈물을 터트리며 말했습니다.

"요즘 너무 바쁘잖아. 나 신경도 안 써주잖아. 나랑 놀아주지도 않고 맨날 맨날 바쁘기만 해"
"그게 속상했어?"

제가 다시 묻자 베리는 눈물을 뚝뚝 흘리며 고개를 끄덕였습니다.

"미안. 어떻게 해주면 좋겠어"
"나랑 놀아줘"

"으음.. 그럼 가끔씩 이렇게 찾아올 테니 함께 놀자"

사실 저는 남편과 함께하는 것을 그리 좋아하지는 않습니다. 저희 남편은 말로 저를 상처 주는 일이 많기 때문에 그 사람과 함께 하면서 기분 좋았던 적이 별로 없기 때문입니다. 그렇지만 함께 놀고 싶다는 베리의 요청을 무시할 수도 없어서 남편 대신 베리를 찾아 놀아주겠다고 약속했습니다.

그날 하와와 저는 베리와 함께 놀았습니다. 신나게 수다도 떨고 술래잡기도 하면서 말이죠. 그리고 돌아오기 전 베리를 꼬옥 안아주었습니다. 한참을 그렇게 안아준 뒤 제가 다시 올 때까지 외롭지 않게 지켜줄 거라며 작은 펜던트 하나를 건넸습니다. 베리는 약간 츤데레 기질이 있는지 츤츤거리면서도 그 펜던트를 꼬옥 소중하다는 듯 손에 쥐었습니다.

베리를 만나고 와서 다시 남편을 보니 남편의 얼굴 너머 그 안 깊은 곳에 잠들어있는 베리가 생각났습니다. 그래서 남편이 아닌 베리를 안아준다 생각하고 남편을 꼭 안아줬습니다. 성인 남자라는 기준으로 남편을 보면 모든 게 못마땅한 것 투성이었는데 어린아이라는 기준으로 남편을 바라보니 그의 모든 행동들이 다 이해가 됐습니다.

물론 이해가 됐다고 모든 게 용서되는 건 아닙니다. 그러나 어떻게 다뤄야 하는지에 대한 답은 찾을 수 있습니다. 성인인 남편에게는 많은 기대와 바람을 담고 그를 대하기 때문에 조금만 잘못되도 짜증 내기 일쑤입니다. 그러나 어린아이로 남편을 바라보면 실수투성이에 그다지 배려심 깊지 않은 그런 모습들에도 짜증보다는 따뜻한 눈빛과 응원으로 바꿔갈 수 있는 듯 합니다.

이유없는 불안

가끔 정말 현실적으로 눈에 보이는 불안은 없는데 제 우니는 불안해할 때가 있습니다. 가슴이 두근두근두근 다른 일에 집중하지 못하겠고 자꾸만 뭔가 큰일이 생길 것 같은 기분이 듭니다. 그게 우니가 제게 전하는 메시지 일 수도 있지만 저는 일단 불안해하는 우니를 달랩니다.

"하와야, 아무 일도 없어"
"그치만 불안해. 뭔가 일어날 것 같아"
"그래. 무슨 일이 일어날 수도 있겠지. 하지만 지금은 아니야"
"그러다 나쁜 일이라도 생기면 어떠하려고?"
"나쁜 일이은 내가 뭘 해도 뭘 하지 않아도 그냥 일어나"
"미리 알면 막을 수 있잖아"
"그게 정말 가야 하는 길이면 막지 못한다는 것을 알잖아. 그러니까 괜찮아"

이렇게 말하며 저는 하와를 꼬옥 안아주는 상상을 합니다. 그리곤 등을 쓱쓱 쓰다듬으며 다시 하와를 달랩니다.

"행여나 무슨 일이 생긴다면 그건 그때 해결하면 돼. 지금 현재 우리는 아무 일도 없어 니가 이렇게 불안해야 할 이유도 없어. 자,

우리 이 불안감을 정화해볼 수 있을까? 어떻게 정화하는 게 좋을 것 같니? 정화 도구를 알려줄래?"

"따뜻한 햇살"

"그래. 그럼 우리 따뜻한 햇살 쬐며 조금 쉬자"

햇살을 쬐러 나갈 수 없을 경우 저는 상상 속에서 우니와 함께 햇살을 쬐곤 합니다. 넓은 잔디밭 시원한 나무 그늘 아래. 햇살이 살며시 왔다 갔다 하는 그곳에 돗자리를 펼치고 우니와 함께 드러누워 따뜻한 햇살과 포근한 바람을 온몸으로 느낍니다. 한참 그렇게 우니의 마음이 편안해질 때까지 누워있다가 우니에게 인사를 전하고 왔습니다.

이후 불안했던 마음이 조금은 진정되고 쓸데없는 생각보다는 지금 하고 있는 일에 좀 더 집중할 수 있게 되었습니다.

다이어트

다이어트를 할 때 가장 힘든 점은 야식을 참아야 하는 것인 듯 합니다. 낮에는 식욕 조절도 잘하고 운동도 곧잘 했는데 꼭 늦은 밤 음식의 유혹에 훌랑 넘어가 다이어트에 실패하는 경우가 많습니다.

어느 날 정말 힘들게 음식 조절과 틈새 운동까지 마쳤는데 밤 11시쯤 갑자기 라면이 먹고 싶어졌습니다. 우니히필리와 대화가 필요하다는 생각이 들어 하와를 불렀습니다.

"하와야. 이 시간에 왜 라면이 먹고 싶은 거야?"
"먹고 싶은데 이유가 있어?"
"음. 나는 지금 다이어트를 해야 해서 라면을 먹을 수 없어"
"다이어트를 왜 하는데?"
"다이어트를 하면 좋은 점이 많아. 예쁜 옷을 살 수도 있고 건강에도 좋고"
"그치만 꼭 필요한 건 아냐"
"나는 옷 입을 때마다 불편해. 벌써 작년 옷들이 다 작아지고 있는걸"
"그치만 살찐 상태가 좋아"
"왜 좋은지 너가 좋은 이유를 말해줄 수 있을까?"
"엄마는 통통한 걸 좋아하는걸"

"엄마?"

순간 멍해졌습니다. 여기에서 엄마가 튀어나올 줄 몰랐습니다. 저는 여동생 한 명, 남동생 한명을 둔 2남 1녀 중 첫째입니다. 저희 엄마는 제 여동생을 참 예뻐하셨습니다. 물론 저도 자식이니 예뻐하셨을 겁니다. 그러나 한 번도 말로 표현하신 적은 없습니다. 그런데 동생에겐 늘 예쁘다고 칭찬을 하셨습니다. 그러나 저에게는 늘 칭찬보다는 지적이 많았습니다.

"살 좀 쪄야 하는데"
"말라도 너무 말랐어"
"할머니 닮았나 봐"

하와는 통통해야 엄마에게 사랑받을 수 있다고 생각한 모양입니다. 어릴 땐 아무리 먹어도 살이 안 찌던 체질이었습니다. 고칼로리의 아이스크림, 라면, 과자 등을 달고 살 정도로 먹어도 살은 전혀 찌지 않았습니다. 제가 그런 고칼로리의 음식들을 좋아하게 된 것은 우니의 사랑받고 싶은 욕구 때문인지도 모르겠습니다. 저는 우니를 달래고 설득을 할 필요가 있었습니다.

"하와야. 살찌지 않아도 사랑받을 수 있어"
"하지만 엄마는 통통한 사람을 좋아해"
"엄마는 다 사랑해"

하와

"하지만 내겐 사랑한다고 말한 적 없어"
"그래도 엄마 마음 알잖아"
"하지만...."
"엄만 니가 어떤 모습이어도 널 사랑해. 그러니까 엄마한테 사랑받기 위해 살찌우려고 하지 않아도 돼. 그리고 내가 널 사랑해. 니가 어떤 모습이어도"
"너는 살찌면 싫어하잖아"
"싫어하는 게 아니야. 살찌면 옷 입을 때나 움직일 때 불편한 게 많아. 그리고 너도 느끼잖아. 옷 밖으로 튀어나오는 살로 인해 불쾌함이 느껴지는 거"
"응. 알아"
"조절할 수 있잖아"
"응"
"누군가에게 사랑받기 위해서가 아니라 내가 편하기 위해 살이 빠졌으면 좋겠어. 같이 정화해줄 수 있을까?"
"응. 정화하자"
"어떤 걸로 정화하면 좋을까?"
"이불"
"이불?"
"응. 이불로 내 몸을 포근하게 감싸고 있을래"

저는 제 우니와 함께 이불을 덮고 따뜻하고 포근하고 폭신한 이불의 감촉을 느끼며 그렇게 잠시 휴식을 취했습니다. 이후 다이어트를 해야 한다는 강박이나 배가 고프지 않음에도 자꾸만 음식을 먹고 싶어 하거나 음식 앞에서 이성을 잃고 달려들어 폭식을 하는 일은 없어졌습니다.

엄마가 되고서도 알지 못했던 엄마 마음

흔히 하는 말이 있습니다. 엄마가 되면 엄마 마음을 이해할 수 있을 거라고. 그러나 저는 엄마가 되었을 때 더욱더 엄마의 마음을 이해할 수 없었습니다. 어떻게 엄마가 매번 자식에게 하지 말라는 말이 먼저고 너를 포기하고 자식을 챙기라는 말이 먼저일 수 있을까?

엄마의 상황은 제 상황과 다르기에 그럴 수 있다는 것을 머리로는 이해하지만 마음으로는 이해할 수 없었습니다. 그래서 엄마의 우니히필리를 만나러 갈 생각도 하지 않았습니다. 그러다 어느 날 엄마의 사진을 보았는데 너무 많이 늙어있는 엄마의 얼굴이 보였습니다. 평생을 이 더운 날 땡볕에서 농사 지으며 살아오시고 그 오랜 시간 고부 갈등을 겪으며 힘겹게 살아온 엄마의 얼굴이 너무나 지쳐 보였습니다. 그래서 엄마의 우니히필리를 만나러 갔습니다.

"하와야, 엄마 우니히필리를 만나러 가려고 해"
"정화하고 가자"
"어떤 걸로 정화하면 될까?"
"샵가서 맛사지 좀 받고 쇼핑도 좀 하자"
"그래"

저와 하와는 맛사지를 받으며 몸의 피곤을 풀고 쇼핑도 즐겼습니다. 그러던 중 하와가 예쁜 꽃무늬 원피스를 하나 골랐습니다.

"이건 왜?"
"필요할 것 같아서"

그렇게 쇼핑까지 마치고 저는 하와와 함께 엄마의 우니히필리를 만나러 갔습니다. 사람이 잘 드나들지 않는 정글. 그곳에서 정글북에서나 볼 법한 작은 아이를 만났습니다. 남자아이인지 여자아이인지 구별이 힘들 만큼 헝크러진 머리카락에 제멋대로인 복장을 한 아이였습니다.

"안녕, 이름이 뭐야? 난 효진이고 얜 내 우니히필리 하와라고 해"
"린"

엄마의 우니히필리는 무뚝뚝하게 린이라는 자신의 이름을 툭 던졌습니다.

"린은 왜 이곳에 있어?"
"사람이 없어서 좋아"
"사람이 싫어?"
"서로 상처만 주니까"
"엄마한테 전하고 싶은 말은 없어?"
"그만 좀 가두라고 해"

"뭘?"
"니 엄마는 틀 안에 자신을 너무 가둬"
"……….."
"너한테 그러는 것도 자신이 옳다고 믿고 살아온 삶이 그래서일 거야. 그러니까 너무 섭섭해하지 마"
"……………"
"세상을 A로 배운 사람에게 B가 있다고 아무리 가르쳐도 그 사람은 B를 믿지 못해. 그 사람 세상에서는 A가 전부인 걸. 엄마의 세상은 A였구나. 니가 이해하는 게 더 나을 거야"
"응. 그래"
"근데 그건 내 거야?"

린은 하와의 손에 들린 원피스를 보며 말했습니다.

"응. 선물"
"고마워"

원피스를 손에 쥐고 활짝 미소 지은 린은 그대로 인사를 전하고 돌아섰습니다.

정화를 하러 가기 전. 저는 힘들고 아파할 우니히필리를 예상했습니다. 그래서 정화를 해주고 와야겠다고 생각했습니다. 그로 인해 엄마가 조금은 덜 힘들었으면 좋겠다 그런 생각도 해봤습니다. 그러나 그곳에서 만난 우니히필리는 무척이나 건강한 아이였고 그 아이가 오히려 제게 위로를 전해주었습니다.

엄마는 엄마가 살아온 삶에서는 엄마가 배워온 인생은 그게 다였을 겁니다. 자식을 위해 엄마 자신을 포기해야 하고 그 어떤 일보다 자식이 중요하며 자식이 행복해야 비로서 엄마가 행복해질 수 있는 삶. 그것이 최고라고 생각하고 살아왔기에 엄마의 자식인 저 또한 최고로 살아가길 바랐을 것입니다. 다만 그게 제겐 행복이 아니었다는 게 문제겠지만요.

저는 아이들을 위해 저를 포기하는 삶보다 저를 위해 최선을 다하는 삶을 살고 싶고 그 삶이 아이들에게 좋은 영향을 줄 수 있는 삶을 살고 싶습니다. 그 둘이 다르다는 것을 알고 그냥 엄마의 말을 흘려들었어도 됐을 텐데 그러지 못한 저 자신의 문제입니다. 엄마의 말은 무조건 잘 들어야 하는 착한 딸 콤플렉스로 인해 엄마의 말을 들어주지 못함으로 인한 죄책감을 느낀 것입니다. '결국 문제는 나구나. 이 또한 정화해야 되는 사안이구나' 그런 생각에 하와와 함께 다시 정화를 했습니다.

"정화 도구는 뭐야?"
"닭 가슴살"
"응?"
"닭 가슴살 요리 먹고 싶어"

하와

"닭 가슴살 스테이크 어때?"
"좋아"

그렇게 닭 가슴살 스테이크로 정화를 마치고 돌아왔습니다. 다이어트에 대한 정화로 시작했지만 마지막은 엄마와의 관계에 대한 정화로 끝났습니다. 그 이후 엄마의 잔소리를 마주하게 돼도 예전처럼 상처를 받는다거나 화가 나지는 않습니다. 그저 엄마의 세상에선 저게 가장 큰 축복의 말인 거겠지. 하며 넘기고 있습니다.

아들이 수술하는 동안

아들이 5살 때 아는 언니가 애가 사시가 있는 것 같다며 안과에 가보라고 했습니다. 그래서 병원에 갔는데 애가 너무 어려 검사가 어렵다고 조금 더 크면 다시 오라고 했습니다. 그런데 그 이후 그냥 잊고 지냈습니다. 그런데 아이가 점점 커갈수록 사시가 심해지는 게 보였습니다. 이젠 남들이 보기에도 확연히 드러날 정도로 사시가 진행이 되었습니다.

큰 병원에 가서 검사를 했더니 당연히 수술을 해야 된다고 합니다. 결국 수술 날짜를 잡고 수술을 진행하게 됐는데 아직은 어린아이를 전신 마취한 다음 수술을 하려고 하니 마음이 괜히 심난했습니다. 걱정되거나 불안한 마음이 드는 것은 아닌데 그냥 심난했습니다. 아이를 수술실에 들여보내놓고 수술이 끝나기를 기다리는 시간 동안 딱히 할 것이 없었습니다.

"하와야. 정화해도 될까? 괜히 마음이 심난해"

"걱정돼?"

"조금"

"그래. 정화하자"

"정화 도구는 뭐가 좋을까?"

"레이키가 좋겠다"

"알겠어"

저는 레이키로 제 심난함을 정화하며 아이를 기다렸습니다. 그 레이키로 인해 특별히 달라진 것은 없었습니다. 그러나 아이는 수술을 무사히 마치고 깨어났고 마취로 인한 큰 부작용도 없었습니다.

정화를 하면서 좋은 점은 그 순간의 감정들에 휘둘리지 않을 수 있다는 점입니다. 아직 일어나지 않은 일에 대한 불안감과 두려움. 이 감정들은 한 번 일어나면 쉽게 가라앉지 않아 자꾸만 그 감정에 얽매이게 만듭니다. 두 감정이 나쁘다는 게 아닙니다. 또 이를 회피

할 필요도 없습니다. 다만 그 감정들에 제가 휘말려 스스로를 힘들게 만드니까 그저 정화를 할 뿐입니다. 정화로 어떤 상황이 바뀌거나 달라질지에 대해서는 알 수 없지만 적어도 그 상황 나를 뒤흔드는 감정들을 한 발 떨어져 조금 멀리할 수 있게 됩니다.

우니 리딩으로 만난 '미니'

우니히필리 리더가 된 이후 종종 자신의 우니히필리를 리딩 해달라는 의뢰를 받곤 합니다. 보통 우니히필리 리딩은 메일로 진행이 됩니다. 의뢰하신 분의 정보를 토대로 그분의 우니히필리를 만나러 갔습니다.

"하와야 가기 전 정화 도구는 뭐가 필요할까?"
"팥"
"팥?"

저는 하와가 전하는 정화 도구들을 들을 때마다 이건 뭔가..싶은 것들이 많습니다. 전혀 생각지 못한 상관없을 것 같은 것들이 정화 도구로 나옵니다.

"생 팥? 아니면 팥 음식?"
"팥 음식 먹고 싶어. 팥빙수, 팥죽, 팥아이스크림, 팥빵"

저는 차례대로 하와에게 팥 음식을 전해주었습니다. 맛있게 먹고 난 하와랑 함께 저는 의뢰인의 우니히필리를 만나러 갔습니다. 하와가 안내한 의뢰자 분의 우니히필 리가 지내는 곳은 예전 중세 시대 성 같은 곳이었습니다. 높다란 서은 거대해 보였고 위엄이 느껴졌습니다.

"여기야?"
"응. 저기 제일 꼭대기"
"그래"

성의 가장 꼭대기. 그곳에서 만난 사람은 정말 공주님 같은 모습이었습니다.

"안녕하세요. 저는 효진이고 여긴 제 우니히필리 하와에요"
"반가워요"
"혹시 이름이 뭐에요?"
"저는 미니에요"
"아! 미니! 예쁜 이름이에요"
"여긴 왜 왔어요?"
"의뢰인이 보내셨어요"
"걘 제 말이나 잘 들으라고 해요"
"사실 그게 어렵데요. 그냥 자기 생각인지 미니가 전하는 말인지 잘 모르겠데요"
"그럼 몸으로 느껴보라고 해요. 기분 좋음 기분 나쁨 불쾌함 등등은 느낄 수 있을 테니까. 그 느낌에 익숙해지면 제가 원하는 것이 무엇인지 알 수 있을거에요"
"혹시 함께 정화를 해도 될까요?"

"청소"
"청소가 정화 도구인가요?"
"네"

하와와 저는 그날 그 성을 열심히 청소하는 것으로 정화를 마쳤습니다. 그리고 의뢰인에게 전해주었습니다. 우니히필리의 말을 전하며 체감각에 관심을 집중하고 있으면 분명 우니히필리의 메시지가 느껴질 것이라고 말해 주었습니다.

이후 의뢰인은 우니히필리와의 소통이 조금 더 쉽게 느껴진다고 말했습니다. 자신은 우니히필리의 목소리가 들리고 보여야 되는 건 줄 알았다고. 그런데 잘 안 보이고 잘 안 들려서 늘 어려웠다고 했습니다. 그러나 몸에서 느껴지는 감각에 집중을 하니 우니히필리의 기분과 우니히필리가 전하려고 하는 것이 어떤 것이지 좀 더 쉽게 느껴졌다고 합니다.

슬럼프 극복하기

"아무것도 하기 싫어"

어느 날 정말 아무것도 하고 싶지 않은 날이었습니다.

"왜 아무것도 하기 싫어?"
"그냥. 지치는 것 같아"
"힘들어?"
"열심히 하는데 눈에 보이는 성과가 없어"
"결과는 지금이 때가 아니라서 그런 게 아닐까?"
"몰라. 그래도 지쳐"
"쉬고 싶어?"
"응. 내가 너무 나만 생각했나 보다. 미안해"
"열심히 하는 건 좋지만 가끔 휴식은 필요해. 조금 조절해서 했으면 좋겠어"
"응. 근데 안 하면 자꾸 뭔가 놓칠 것 같고 그래서 두려워져. 내게 온 기회를 놓치게 될까 봐"
"그게 정말 네게 기회라면 너가 그렇게 무리하지 않아도 다시 기회가 올 거야"
"응. 아는데도 자꾸 조급해져"
"정화할까?"

"응"
"정화 도구는 바나나야"

저는 하와와 함께 바나나를 그렸습니다. 바나나를 먹기도 하고 그냥 바나나를 보고 있을 때도 있고 그렇게 바나나와 정화를 하고 나니 부담감과 함께 두려움이 조금 사라졌습니다.

"아! 부담이 컸구나"
"잘해야 된다는 욕심이 너를 힘들게 한 것 같아. 그리고 적당한 휴식은 필요해. 너 자신을 너무 지치게 만들지는 마"

누구에게나 휴식은 필요합니다. 그러나 너무 휴식 없이 빨리 더 잘 해야 된다는 욕심에 저 자신을 제대로 돌보지 못한 것입니다. 스스로를 너무 착취하지 마세요. 열심히 하는 것만큼이나 휴식은 중요합니다.

아이를 윽박지르는 엄마에게서 나를 보다

마트나 사람이 많이 다니는 시장을 지나다 보면 한 번쯤 아이를 닥달하는 엄마를 마주하게 됩니다. 그냥 지나칠 수도 있는 그 장면이 어느 날 제 눈길을 잡았습니다.

"어휴~ 왜 애를 저렇게 잡냐. 그냥 좋게 얘기해도 될텐데"

문득 이 말이 저도 모르게 튀어나왔습니다. 그 순간 문득 그런 생각이 들었습니다.

'나는 왜 이 장면이 눈에 들어왔고 저 장면에 감정이 생긴 걸까?'

아이들이 어렸을 때는 저도 어렸습니다. 20대에 엄마라는 역할은 쉽지 않았습니다. 아이가 아이를 키운다는 말처럼 저 또한 아이였고 엄마라는 역할은 처음이라 실수투성이였습니다. 아이가 한없이 고집을 부릴 때 나도 사주고 싶지만 형편이 도저히 안돼 돌아서야 하는데 아이는 그런 건 생각도 없이 자기가 갖고 싶은 것을 사달라고만 할 때 많이 속상하고 힘들었습니다.

문득 그때 기억이 떠올랐습니다. 아이를 윽박지르고 싶어 윽박지르는 게 아닙니다. 장난감을 사주기 싫어 사주지 않았던 게 아닙니다. 다만, 그 모든 것을 다 해줄 만큼의 형편이 아니었기에 어쩔 수 없이 아이의 고집을 꺾어야만 했던 것입니다. 그 순간의 기억들이 떠오르면서 마음이 아파왔습니다.

"하와야"

그래서 하와를 불러보았습니다. 그랬더니 하와는 잔뜩 몸을 웅크린 채 울고 있었습니다.

"괜찮아, 하와야"

아무런 말도 하지 못한 채 그저 아픔을 견뎌내고 있는 하와에게 제가 해줄 수 있는 건 그저 포옹과 레이키뿐이었습니다.

"좋은 엄마 하고 싶었어"
"알아"
"좋은 옷 좋은 신발 좋은 음식 좋은 것만 해주고 싶었어"
"그것도 알아"
"내가 잘못한 게 아냐"
"응. 니 잘못이 아냐"
"하지만 다들 내가 나쁘다고 했어"
"아니야. 그들이 잘못 안 거야. 넌 나쁘지 않아"
"정말..그럴까?"

"응. 정말 넌 나쁘지 않아"

단호한 저의 말에 하와는 조금 안심하는 눈빛을 보냈습니다. 엄마가 되면 왜 없던 죄책감에 시달려야 하는 건지 잘 모르겠습니다. 자라는 아이가 갖고 싶은 걸 모두 가질 수 없는 건 당연한 거고 그럼에도 불구하고 갖고 싶으니 떼를 쓰는 일도 나쁜 일은 아닙니다. 그러나 그런 아이와 부모를 보면 한 번씩 부모나 아이를 흉보는 사람들이 있습니다. "자식 교육 잘못 시켰네 또는 왜 애를 저렇게 잡나" 직접 그 당사자가 되지 않고 겉으로 보여지는 것만으로는 남을 판단할 수 없습니다.

그럼에도 많은 사람들이 그저 보고 자신이 느낀 것만을 토대로 너무도 쉽게 남을 판단하고 거기에 더해 재판까지 하려고 합니다. 그러나 그건 내 권한이 아닙니다. 그건 그 아이와 그 아이를 키우는 부모의 권합입니다. 누구도 거기에 잘했니 못했니 간섭할 수는 없는 거라고 생각합니다. 제가 마음 아팠던 건 저를 그렇게 나쁜 엄마인 듯 흡사 학대라도 한다는 듯 그런 눈빛으로 바라보며 지나갔던 수많은 '모르는 사람들'입니다.

"하와야 정화할까?"
"응. 정화도 구는 빗자루"

저와 하와는 빗자루를 가지고 한참을 놀았습니다. 마녀가 되어 빗자루를 타고 하늘을 날기도 했고 빗자루로 바닥을 쓸며 청소를 하기도 하며 신나는 시간을 보냈습니다. 그렇게 우리는 빗자루를 가지고 놀며 아픈 기억 하나를 정화하는 시간을 가졌습니다.

이상한 사람으로 보이면 어떡하지?

살다 보면 자신이 원하는 것을 하려고 할 때 자신의 감정, 의지보다 남의 눈치를 볼 때가 더 많습니다. 물론 아닌 분들도 계실 테지만 저는 제가 하고 싶은 일을 선택할 때 다른 사람들이 나를 어떻게 보는지에 대해 두려움이 컸습니다. 그리고 그건 사람을 대할 때 자주 나타나 제 행동을 제한하곤 했습니다.

"이 말을 했을 때 저 사람이 나를 안 좋게 보면 어떡하지?"

이런 생각들로 인해 시도해보기도 전에 포기한 일이 많았습니다.

요즘 저는 저를 위한 삶을 많이 살고 있습니다. 20대에 결혼을 해 엄마가 되었고 그 후 10년이 넘는 시간 동안 저를 위한 삶보다는 아이를 위한 삶 가족을 위한 삶을 살았습니다. 행복한 시간들도 있었지만 그것만으로는 채워지지 않는 무언가가 있었습니다. 저는 끊임없이 저로 살고 싶었습니다.

"나는 왜 자꾸 다른 사람들의 눈치를 보는 걸까?"
"책임지고 싶지 않으니까"
"책임?"
"내가 선택하면 그것에 대한 모든 책임은 네가 져야 하거든"

아이들이 아직 어렸을 때 제가 아이들을 친정에 맡기고 제 일을 위한 준비를 하고 싶다고 남편에게 말한 적이 있습니다. 그때 남편이 했던 말에 저는 제 꿈을 포기했습니다.

"애들 아직 엄마 필요하다. 애들 잘못되면 니가 다 책임질 거야?"

그 말에 저는 고이 제 꿈을 접었습니다. 저는 책임이 두려웠습니다. 행여나 제가 저를 위한 선택을 했다가 아이들에게 무슨 일이 생긴다면 그건 다 제 잘못으로 돌아오기 때문입니다. 분명 제 잘못이 아닌데도 두 개는 전혀 상관없는 이야기인데 상관있는 것처럼 되곤 합니다. 더 이상 저런 죄책감에 휘둘릴 수 없겠다 생각한 날 하와에게 정화를 부탁했습니다.

"하와야, 나는 나와 상관없는 죄책감에 휘둘리고 싶지 않아. 함께 정화해줄 수 있을까?"
"물"
"정화 도구가 물이야?"
"응"

저는 맑고 깨끗한 물을 많이 마셨습니다. 상상으로 마시기도 했고 실제로 눈에 보이는 물을 마시기도 했습니다. 이후 남편이 아이들을 상대로 제게 죄책감을 일으키게 하고 그렇게 저를 휘두르려는 계획은 계속 이어졌습니다. 그런 남편의 행동에 변화가 생기진 않았습니다. 그러나 그 이후로 제가 바뀌었습니다. 저는 요즘 그런 남편의 죄책감에 흔들리지 않습니다. 그건 사실이 아니니까요. 제가 저를 위한 선택을 하면 아이들이 잘못된다는 건 말도 안 되는 억지라는 걸 이젠 아니까 휘둘리지 않고 그럴 땐 그저 하와와 함께 정화를 하거나 물을 마십니다.

딸의 우니히필리 만나기

저는 엄마다 보니 아이들의 우니히필리를 종종 만나기도 합니다. 평소엔 크게 신경 쓰지 않지만 아이들이 지쳐 보이거나 힘들어 보일 때 또는 울고 있을 때는 아이들의 우니히필리를 찾아가 함께 정화를 하고 옵니다.

하루는 딸이 울며 집에 왔습니다. 담임 선생님이 정말 마음에 안 들어 힘들다고 숙제도 많다며 집에 도착해서부터 엉엉 울었습니다. 그래서 하와에게 딸의 우니히필리를 만나 정화를 해도 되겠냐고 말한 뒤 함께 만나러 갔습니다. 딸의 우니히필리를 만난 저는 정화를 할 수 있겠냐고 물었습니다.

"우리 딸이 지금 많이 힘들어하길래 와봤어. 함께 정화할 수 있을까?"

딸의 우니히필리는 말을 하진 않았지만 고개를 끄덕였어요.

"정화 도구는 뭐가 좋을까?"
"분홍색 곰인형"
"분홍색 곰인형으로 정화할 수 있어?"
"응"

하와

우니히필리는 자신과 다르다는 말을 많이 합니다. 그런데 가만히 보면 완전히 다른 것 같진 않습니다. 분홍색 곰인형이 정화 도구라는 말에 딸아이가 생각났거든요. 인형을 무척 좋아해 인형 뽑기의 달인에 도전해도 되겠다 장난삼아 말할 만큼 인형을 좋아하는데 정화 도구가 곰인형이란 닮은 점도 있구나 싶었습니다.

저는 작은 분홍색 곰인형을 딸의 우니히필리에게 주었습니다. 딸의 우니히필리는 그 인형과 함께 노는 것으로 정화를 해주었습니다. 그리고 분홍색 곰인형을 딸아이에게 선물로 주었습니다. 앞으로 스트레스받거나 속상한 일 있으면 그 곰인형으로 정화가 되길 바라면서 눈에 잘 보이는 곳에 놓아두었습니다.

그 이후로도 딸아이는 스트레스받는 일이 많았지만 딸아이 우니히필리가 곰인형으로 정화를 도와주고 있어서인지 금새 또 힘을 내곤 했습니다.

의뢰인의 우니리딩, '왜 이렇게 답답하지?'

우니히필리 리딩 의뢰를 받고 한 분의 우니히필리를 만나러 갔습니다. 그런데 이 아이는 온몸을 쇠 같은 걸로 칭칭 감고 있었습니다. 그리고 그 아이의 답답함이 제게 너무 크게 느껴져 정말 벗어나고 싶다는 생각을 강하게 할 만큼 힘든 리딩이었습니다.

평소 의뢰인은 좀 칼 같은 분이셨던 것 같습니다. 자신이 해야 할 일은 철저히 꼼꼼하게 완벽히 해야 한다는 생각에 스스로를 닥달하고 채찍질하는 스타일이었습니다. 그래서 그분의 우니히필리는 답답함을 많이 느끼고 있었습니다. 또한 자신의 이야기를 의뢰인이 들어주지 않는다고 많이 속상해하고 있었습니다. 그러면서도 그 아이는 의뢰인이 늘 해오던 패턴처럼 뭔가 부지런히 해야 되고 쉬면 큰일 난다고 생각하고 있어서 제대로 쉬지도 못한 채 앞으로 향해 나아가기만 하고 있었거든요. 그래서 제가 의뢰인의 우니히필리에게 괜찮다고 말해주었지만 쉬라고 해도 그 아이는 계속 쉬는 것을 어렵게 생각했습니다.

"괜찮아. 루비. 그렇게 힘들게 하지 않아도 돼"
"하지만 이렇게 하지 않으면 큰일 나"
"아무 일도 일어나지 않아"
"그러다 일이 잘못되면?"

"그럼 그땐 다시 방법을 찾으면 돼"
"미리미리 준비하지 않으면 안 돼. 사고는 예고를 하지 않아"
"니가 이렇게 준비를 한다고 해서 일어날 사고가 일어나지 않는 건 아냐"
"그래도 준비를 해두면 사고가 일어났을 때 빨리 대처할 수 있어"
"사고가 일어나지 않으면?"
"그럼 좋은 일인 거지"
"니가 힘들지 않으면 괜찮지만, 너는 지금 힘들잖아"
"............"

아무런 대답도 하지 못한 의뢰인의 우니히필리에게 정화를 하자고 얘기했습니다.

"정화 도구를 알려줄 수 있을까?"
"비"
"그래. 그럼 우리 비로 정화하자"

의뢰인의 우니히필리와 저 그리고 하와는 비를 맞으며 신나게 뛰어 놀았습니다. 저는 오랜만에 아이가 된 듯 맨발로 비가 고여있는 웅덩이를 첨벙이기도 하고 우산 없이 비를 맞기도 하고 비가 내린 촉촉한 땅에 드러누워 뒹굴기도 했습니다. 온몸이 진흙투성이가 되어 버렸지만 정말 시원하고 상쾌한 기분이 들었습니다.

이 이야기들을 의뢰인에게 전해주며 한마디를 더 추가했습니다.

"의뢰인님. 정화는 힘주고 꼭 해야 돼!!라고 하면 더 힘듭니다. 그런 정화는 우니히필리를 더욱 아프게 만들어요. 저렇게 정화 도구를 가지고 놀 듯이 편하게 우니히필리와 논다고 생각하면 돼요. 그러니 너무 잘해야 돼 정화를 제대로 해야 돼. 그렇게 생각하기 보다 편하게 여유롭게 정화를 하는 게 더 도움이 됩니다"

그 후 의뢰인 분 말씀으로는 힘을 뺀다는 것이 많이 어색했다고 합니다. 처음엔 자꾸만 모든 것에 힘이 들어가서 어려웠지만 그냥 편하게 놀듯이 즐기려고 조금 더 노력해보겠다고 하셨습니다. 그래서 제가 우선은 그냥 모든 것에서 조금씩 편안한 마음을 가져보라고 권해드렸습니다. 노력하겠다. 그 자체가 이미 힘이 들어가는 것입니다. '잘 되어야 해!' 라는 마음을 살며시 내려놓을 수 있어야 있는 그대로 즐길 수 있습니다.

요즘처럼 비가 내리는 장마철이 되면 그 의뢰인과 의뢰인의 우니히필리가 떠오릅니다. 정말 산성비니 뭐니 머리카락이 빠지니 뭐니 그런 걱정 없이 마음껏 비를 맞으며 자유를 느낄 수 있습니다. 아무것도 제한받지 않은 그런 자유였기 때문에 비 오는 날은 문득문득 떠오르곤 합니다. 의뢰인 분을 위한 정화가 제 안의 답답함, 벗어나고 싶음, 자유를 향한 갈망. 그런 것들을 정화해준 게 아닌가 싶습니다.

하와

저자 하와는 호오포노포노를 알게 된지 10년차로 우니히필리 리더로 활동중이다. 또한 NLP 트레이너와 웰니스 코치로도 활동하고 있으며 사람들이 과거에 묶여 현재를 놓치기 보다는 과거를 놓고 앞으로 나아갈 수 있길 바라는 마음으로 우니히필리 리딩 및 상담을 진행 하고 있다.

hjin143@gmail.com

결어

'후나'는 하와이 샤먼들의 비밀스러운 가르침이다. 그리고 그곳에서 전해지는 강력한 정화법이 있다. 그것이 바로 '호오포노포노'이다. 이 정화법에 있어서 꼭 필요한 것은 '우니히필리'라는 존재와의 소통이다. '우니히필리'란 '내면아이', '잠재의식', '정령'이라는 여러 가지 이름으로 불려왔다. 또한 '현재의식'에 해당되는 '우하네'와 함께 '나'를 구성하는 요소 중 하나이기도 하다.

'후나'를 전수 받는 시간은 10년이 걸린다고 한다. 그 중 7년이 정화의 과정이며, 그 이후 3년 동안 주술을 배우는 시간이다. 여기서 7년간 정화를 한다고 했으나, 이때의 정화는 '우니히필리'와 서로 소통하며 친해지는 기간이기도 하다. 그만큼 '후나' 전승에서도 '우니히필리'와의 소통은 중요한 요소가 된다.

지금까지 7인의 '우니히필리' 리더들의 경험담을 통해 '우니히필리'와 '우하네'의 소통이 우리 삶에 어떤 변화를 일으키고 어떤 삶이 펼쳐지게 해주는지에 대해 살펴보았다. 그리고 그 연장선에서 이루어지는 '정화'인 '호오포노포노'가 어떤 방식으로 우리 삶에 '평화'를 가져다 주는지에 대해서도 살펴보았다.

이를 통해 '우니히필리'가 어떤 존재이며, '우니히필리'와의 소통이 왜 중요한지에 대해 알 수 있었을 것이다. '후나' 전승에 입문하기 위해서 뿐 아니라, '호오포노포노'를 실천 할 때도 보다 깊은 정화를 행하기 위해서는 반드시 '우니히필리'의 도움이 필요하다. 그리고 이러한 '우니히필리'가 우리 삶속에서 어떻게 드러나며, 그와의 소통을 어떤 방식으로 행하고, 어떤 결과와 현상들이 일어나는지 이 책에 담긴 다양한 사례들을 통해 그 분위기를 짐작 할 수 있었을 것이다.

또한 여러 사례들을 봐서 알겠지만, '우니히필리'와의 소통과 그로인해 드러나는 현상은 일관되지 않으며 모든 사람들의 '우니히필리'가 다르듯 그 방식과 현상도 천차만별이다. 단지 일관되어 공통점이 있다면 서로 오랜 기간 관심을 주고 말을 걸면서 친해져야 한다는 것이고, 그 과정에서 소통이 일어나며 이것은 일방이 아닌 쌍방으로 서로간에 대화가 이루어져야 한다는 것이다.

'우니히필리 리더'란 자신의 '우니히필리'와 소통했던 감각과 경험 그리고 도움을 기반으로 상대방의 '우니히필리'와 연결하고 서로 교감을 할 수 있는 이들을 나타낸다. 그렇기에 '우니히필리'와의 소통이 원활하지 않거나 도저히 감을 잡지 못하는 사람이라면, '우니히필리 리더'의 도움을 받는 것도 한 가지 길이 될 것이다.

'우니히필리'와 소통이 가능한 사람들 대다수는 서로 소통했던 자신의 경험담에 대해 잘 이야기 하지 않은 편이다. 이는 각각의 사례들이 보편적인 것이 아닌 오직 자신의 삶에서만 적용 될 뿐이기 때문이다. 그렇기에 각자의 삶 속에서 그를 실천하고 구현 할 뿐 타인에게 그를 주장하거나 하지 않는다. 그렇다 보니 더더욱 '우니히필리'와의 소통에 대해 궁금해 하는 분들에게는 그것이 미지의 영역으로 남아 있을 수밖에 없음이 안타까웠다.

이 책을 기획한 이유가 그 때문이다. 평소 '우니히필리'가 무엇인지 궁금해 했던 분들과 어떤 방식으로 소통하며, 그 결과 어떤 현상이 일어나는지에 대해 궁금해 했으나 관련 정보를 접할 수 있는 분들이 별로 없었을 것이다. 물론 앞서 출간된 '우니히필리 이야기'를 통해 그에 대한 사례들이 오픈 되었기에 그에 대한 감을 잡을 수 있었으나 조금 더 사례가 많았으면 하는 아쉬운 마음이 있었다.

그러던 중 '우니히필리 이야기'의 저자이신 'Kahuna Park' 선생님으로부터 그에 대한 이야기를 좀 더 소개해 보는 것이 어떻겠느냐는 제안을 받았고, 그에 힘입어 '7인의 우니히필리 리더' 분들에게 요청해 우니 이야기의 두 번째 서적인 '우니히필리 이야기2'가 나올 수 있었던 것이다.

이를 통해 '우니히필리'와의 소통이 무엇이며, 그것이 어떻게 이루어지는지 궁금했던 분들 그리고 그 연장선에서 '호오포노포노'를 더욱 깊게 배우고 실천하고 싶은 분들에게 이 책이 작은 도움이라도 되길 바라는 바이다.

'우니히필리 이야기 2'
기획자 채성훈 올림